SIMPLES FILOSOFIA

Pablo Capistrano

SIMPLES FILOSOFIA

A história da filosofia em
47 crônicas de jornal

Rocco

EDITORA ROCCO LTDA.
Av. Presidente Wilson, 231 – 8º andar
20030-021 – Rio de Janeiro, RJ
Tel.: (21) 3525-2000 – Fax: (21) 3525-2001
rocco@rocco.com.br
www.rocco.com.br

Printed in Brazil/Impresso no Brasil

preparação de originais
JULIA MARINHO

CIP-Brasil. Catalogação na fonte
Sindicato Nacional dos Editores de Livros, RJ.

C242s Capistrano, Pablo, 1974-
Simples filosofia: a história da filosofia em 47 crônicas de jornal / Pablo Capistrano. – Rio de Janeiro: Rocco, 2009.

Crônicas publicadas no *Jornal de Hoje* e no *Diário de Natal*

ISBN 978-85-325-2467-6

1. Filosofia – Crônica. 2. Filosofia – Miscelânea. I. Título.

09-3635 CDD-100
CDU-1

Para meus professores
e meus alunos.

Apresentação

Um dia, acordei no meio da noite e descobri que estava bem no centro de uma crise criativa. Há quase dez anos colaborava com crônicas e artigos semanais para diversos jornais e sites da internet. Bem ou mal, sempre mantivera minha produção constante, para editor nenhum se preocupar com atrasos ou abandonos repentinos.

Mas, no começo de 2007, percebi que alguma coisa havia mudado.

Não era mais como antes. Subitamente, me vi escrevendo um artigo sobre maioridade penal.

Nunca havia me interessado em falar sobre maioridade penal. Por que estava escrevendo sobre aquilo? Foi então que, num momento de aguda percepção, de ampla abertura, de inquietante despertar de algum sono dogmático qualquer, descobri toda a verdade: Willian Bonner estava me pautando!

Sim. Repercutia nos telejornais o caso trágico do menino João Hélio, morto de modo brutal nas ruas do Rio de Janeiro, e o Brasil fora subitamente possuído por uma antiga nova discussão: a maioridade penal.

Perturbado pelo horror sem forma que emergira daquela descoberta terrível, recuei. Abandonei meu computador. Não queria mais assistir nenhum telejornal. Desliguei meu rádio e comecei a ouvir incessantemente minha coleção de CDs.

Não queria que o mundo dos telejornais dominasse minha mente, encapsulasse meu cotidiano, pautasse a minha linguagem. Seria demais admitir que a vida era só aquilo e nada mais. Então, deixei de escrever. Comecei a atrasar minhas crônicas, furar com os editores, abandonar meus projetos literários pela metade.

Minha vida, como já havia acontecido antes, começava lentamente a perder o seu sentido, na medida em que me via completamente desmotivado, destroçado, derrotado, diante do vazio branco, brilhante e sem fim de um novo documento do Microsoft Word.

Foi aí que meu amigo, o professor Sérgio Trindade, deu uma dica:

– Você tem duas saídas – disse ele. – Ou faz como Nelson Rodrigues, pega uma crônica velha, muda o título e manda para o jornal, ou começa a escrever uma série.

Sei que ninguém notaria se eu mudasse o título de velhas crônicas já publicadas e mandasse-as para uma nova edição do mesmo jornal. Isso é clássico. Qualquer estudante de jornalismo de primeiro ano aprende logo esse bizu.

Mas minha consciência (detalhe insignificante) não me deixaria em paz. Anos de culpa e vergonha não me permitiriam enganar os leitores.

Então optei pela segunda ideia: produzir uma série de crônicas que falassem sobre algo que me dá prazer, que domino razoavelmente bem e em que ainda acredito (ao menos por enquanto).

Este livro surgiu dessa opção e tem algumas características que precisam ser explicadas antes que você continue a lê-lo.

Primeiro: não se trata de um livro técnico de filosofia; não é uma tese acadêmica, nem um ensaio científico. Este é um livro de crônicas, ou seja, uma peça de literatura que fala sobre um tema filosófico.

Segundo: o tema deste livro é a história da filosofia. Ou seja, são crônicas publicadas em jornais e sites da internet que trazem, segundo uma certa ordem, o nascimento, a ascensão, a morte e o renascimento da filosofia ocidental. Sendo assim, este livro também tem uma conotação narrativa, pode ser lido como um épico clássico, uma tragédia renascentista, um romance moderno ou uma dessas construções experimentais fraturadas que as vanguardas costumavam divulgar no começo do século passado e empurravam goela adentro das editoras – protagonistas de alguns dos fracassos comerciais mais célebres da história do mercado literário.

Terceiro: a maioria das crônicas fala de algum tema relevante a todos nós a partir da visão de um filósofo. Amor, morte, consumo, desejo, inadequação sexual, fé – todos esses temas serão abordados a partir do ponto de vista particular de filósofos como Sêneca, Epicuro, Kierkegaard, Nietzsche, Pico dela Mirandola. Isso significa que este livro traz também um cânone particular, uma amostra daquilo que eu considero mais relevante no universo da filosofia do Ocidente.

Quarto: publiquei inicialmente essas crônicas às sextas-feiras no *Jornal de Hoje* (que sai à tarde em Natal, Rio Grande do Norte). Depois, recebi o convite para continuar a publicá-las aos domingos no *Diário de Natal*. Por isso, tive que rearrumar as crônicas em nova ordem e refiz no meio do processo a sequência. Isso quer dizer que a ordem da publicação nos jornais não foi mantida no livro. Atualmente, minha coluna é veiculada no portal DigiNet (www.digizap.com.br).

Por fim, gostaria de agradecer a algumas pessoas que ajudaram a compor esse texto. Inicialmente meu orientador, o professor doutor Glenn Walter Erickson, responsável por algumas das mais instigantes intuições filosóficas que eu tive nesses últimos 12 anos de trabalho com filosofia acadêmica.

Também queria agradecer ao pessoal do *Diário de Natal*, que topou o desafio de publicar todos os domingos, num espaço privilegiado do jornal, a maioria dessas crônicas. Agradeço a Yuri Borges, Moisés de Lima, Osair Vasconcelos e Jaime Azevedo (que ilustrou semanalmente os artigos). Além obviamente do professor Marco Aurélio de Sá, o primeiro a ceder um espaço semanal para a publicação de minhas crônicas. Um agradecimento especial a Julia Marinho, responsável pela edição desse texto e pela busca de algumas possíveis incorreções e imprecisões nas informações que ele contém.

O livro que você vai começar a ler se situa numa zona de fronteira. Ele oscila entre os mundos do estilo literário e da argumentação filosófica. O mais difícil para construir um livro deste tipo está justamente em falar de forma simples sobre coisas profundas. Muita gente acha que isso não faz sentido porque entende que o profundo é sempre complicado e que o simples quase sempre é muito raso.

Eu não acredito nisso. Para mim, é possível falar simplesmente de coisas profundas. Se você tiver disposição, não se deixar influenciar por preconceitos intelectuais e guardar ainda em seu coração uma pitada de humor, imaginação e desejo de ultrapassar o feijão com arroz diário, este livro proporcionará a você uma viagem – às vezes perigosa, às vezes fascinante, e talvez um pouco maluca.

Espero que estes textos possam acrescentar algo ao seu mundo e que você termine a leitura deste livro mais inquieto do que começou.

Que a paz o acompanhe!

1
Desconhecida íntima

Certa vez, um professor da graduação em filosofia, que havia me dado aulas no começo dos anos 1990, me encontrou no Centro de Convivência do Campus da Universidade Federal do Rio Grande do Norte (UFRN). Era um daqueles poucos dias chuvosos que, de vez em quando, insistem em quebrar a monotonia da luminosidade e do calor impiedoso que tornam o clima de Natal tão sedutor para alguns e tão infernal para outros. Por causa da chuva eu estava parado, diante de uns 20 metros de lama que me separavam do meu carro. Pressionava a chave no meu bolso, pensando se seria mais vantajoso atravessar aquela lama debaixo da chuva e tentar entrar no carro ou esperar que o céu abrisse um pouco mais. Foi quando meu antigo professor se aproximou e me disse:

– Olá, Pablo. Como é que vai? Soube que você virou jornalista.

Até aquele dia, eu não tinha notado, mas existe algo mal resolvido envolvendo jornalistas e filósofos.

Apesar de grandes pensadores terem dedicado boa parte de suas vidas a produzir textos na imprensa (alguns inclusive fundado jornais, como Hegel) há uma ideia de que o espaço do jornal não é um local apropriado, pela contenção das linhas e pela necessidade de textos curtos e "enxutos", para se falar sobre algo tão profundo e complexo quanto a filosofia. Por isso a ironia do meu antigo professor naquele dia de chuva. Eu havia começado a escrever artigos e crônicas para jornais e isso parecia dar a impressão de que eu estava "trocando de time", optando por esquecer a advertência que Platão, o discípulo de Sócrates, havia mandado gravar na entrada de sua escola de filósofos: "Não entre aqui quem não souber geometria."

Na verdade, essa parece ser uma estratégia deliberada de alguns filósofos. Camuflar seu discurso atrás de uma linguagem técnica, própria e intrincada, que serve muito mais como uma cortina de fumaça para esconder o pensamento do que uma exigência imprescindível para se começar a filosofar. A história está cheia de casos trágicos de pensadores que se deram mal por tentar propalar abertamente suas ideias. Sócrates (o caso mais famoso), Giordano Bruno, Spinoza e Pedro Abelardo são alguns exemplos de filósofos que dançaram feio quando resolveram sair da toca e esquecer o lema que René Descartes mandou gravar na sua tumba: "Bem viveu quem viveu oculto."

Então, para certa categoria de professores universitários, tornar-se jornalista é algo perigoso. Mas eu particularmente não pensava desse modo. Minha ideia era outra. Será possível falar sobre filosofia nas linhas de um jornal? Será digno, exato, profundo ou condizente com meu status de especialista em ciências mortas (como a metafísica) e linguagens ocultas usar um espaço tão pequeno entre a página policial e o caderno de política para traçar, no ritmo da crônica, um painel acerca da evolução do pensamento ocidental? Meu professor era um sujeito bem-humorado, que já havia me dado algumas das melhores aulas da minha vida; mas naquela tarde eu resolvi, quem sabe um dia, topar o desafio.

Fazer uma série de crônicas, curtas e certeiras, que dessem conta da filosofia, essa desconhecida íntima de todos nós. Essa dama estranha, que vive na nossa casa, dorme na nossa cama e come do nosso prato, mas ama se esconder quando olhamos para ela diretamente. Naquela tarde, me despedi do meu antigo professor e meti o pé na lama debaixo da chuva para pegar meu carro e sair do campus universitário. Naquela tarde, resolvi escrever a primeira crônica desta série e topar o desafio de falar, na superfície da linguagem, de um tema profundo – porque a única coisa que alguém que está procurando algo não pode fazer é se perder.

2

Depois da filosofia

Não sei se você já sentiu isso. Mas, aos vinte anos, eu não tinha ideia de que caminho seguir, não tinha ideia do que fazer com minha própria vida. Isso era grave porque eu já havia cursado dois semestres de psicologia na UFRN e me perguntava o tempo todo: "O que eu estou fazendo aqui? O que é que eu estou fazendo aqui?"

O problema é que quando você começa insistentemente a se fazer essa pergunta é porque alguma coisa está errada – ou com você, ou com o lugar em que você está. O fato é que eu assisti a uma palestra sobre o filósofo alemão Martin Heidegger e decidi mudar de curso. No dia da prova, lembro de ter visto as listas com os nomes dos alunos que estavam pleiteando mudança de curso e as vagas oferecidas pela universidade. A concorrência mais acirrada estava nas engenharias, na saúde e no direito. Procurei a lista para filosofia.

Uma vaga.

Um único concorrente.

Eu era o único sujeito naquela universidade inteira que estava prestes a entrar no estranho e pantanoso mundo da filosofia acadêmica. Confesso que senti um arrepio na espinha quando vi aquela lista.

Mas já era tarde.

O conhecimento filosófico começou a entrar em crise ainda no século XVI, quando a revolução da ciência moderna surgiu no horizonte, mas seu momento mais desesperador se deu no século XX. Para muitos, a filosofia morreu aí. A aventura filosófica que havia começado na Grécia Antiga, atravessado a avalanche do cristianismo e a queda do Império Romano, passado pela Idade Média e continuado Renascimento adentro não teria suportado o advento da sociedade industrial. A ciência moderna, com seu conhecimento prático, produtor de tecnologias e mercadorias, havia destroçado a velha filosofia. Derrubado os sábios barbudos e, em seu lugar, posto os cientistas de jaleco branco e cabelos desgrenhados.

Vejam que azar o meu. Resolver me tornar filósofo justamente quando já haviam assinado o atestado de óbito do meu ofício.

Richard Rorty, um dos mais importantes pensadores norte-americanos da atualidade, diz que, depois do século XIX, a filosofia só tinha três saídas para não ser enterrada de vez. (1) Contentar-se em ser um apêndice da ciência, uma espécie de antecipação dos problemas que as ciências resolveriam em um futuro próximo; (2) Torna-se uma espécie de instrumento de assessoria e justificativa ideológica de algum governante de plantão que precisasse encomendar argumentos para fundamentar suas ações políticas; (3) Virar literatura.

A ideia de que a filosofia já disse tudo o que tinha para dizer e que, hoje, não há nada mais a ser dito, nada mais a ser pensado, nada mais a ser criado em nenhuma área gerou a noção de que viveríamos em uma era pós-filosófica. Ou seja: sujeitos como eu, olhando para aquela melancólica lista, único concorrente de mim mesmo na disputa para ser aluno do curso de filosofia da UFRN, teriam que se contentar em ser uma espécie de especialista numa ciência morta, dotada de uma linguagem oculta a ser decodificada para algum aluno do Ensino Médio que só pensa em sexo e futebol.

Sinceramente, esse não parecia ser um bom prognóstico.

Mais de dez anos se passaram e agora, ao menos no Brasil, a filosofia parece ganhar um fôlego novo: programas de TV; revistas especializadas e livros aquecendo o mercado editorial; retorno à obrigatoriedade nos currículos do Ensino Médio; e até colunas como essa, em jornais, levando a mensagem da tradição filosófica para um maior número de pessoas. Ainda há espaço para a filosofia em nosso mundo? Há brechas para questões sobre a morte, o Ser, a consciência, o bem e o mal em nossa sociedade? Curiosamente, os mesmos pensadores que decretaram a morte da filosofia no século XX – o alemão Martin Heidegger e o austríaco Ludwig Wittgenstein – acabaram por criar filas e filas de discípulos que continuaram a reflexão filosófica e fizeram com que essa dama moribunda atravessasse o milênio e chegasse aos dias de hoje. Como isso foi possível? Bem, dê uma olhada na próxima crônica que você vai saber.

3

A mosca no vidro

"A filosofia entra no jogo quando a linguagem sai de férias." Li alguma coisa do tipo num livro do pensador austríaco Ludwig Wittgenstein, mas não consigo lembrar exatamente onde. Wittgenstein foi o meu primeiro grande anti-herói filosófico. Frases como essa estavam espalhadas numa grande quantidade de escritos deixados por ele. Caixas e caixas de sapatos cheios de fragmentos, aforismos em livros, fichas em catálogos, dois cadernos (um marrom e um outro azul) cheios de anotações. Esta foi a herança deixada por esse sujeito estranho, filho de um grande industrial do aço do império austro-húngaro, herdeiro de uma das maiores fortunas da Europa. Um jovem inteligente e emocionalmente instável, que cursava engenharia aeronáutica no começo da década de 1910 e acabou encontrando Bertrand Russell, que o desviou de seu intento de inventar o avião (era nisso que ele trabalhava antes de ter contato com a lógica matemática e resolver se dedicar ao trabalho filosófico).

Wittgenstein é um pensador da era pós-filosófica. Um espécime típico do século XX. Para muitos, ele é um demolidor da filosofia. Alguém que veio para mostrar que os grandes problemas que os filósofos se debruçavam, na verdade, eram apenas confusões mentais causadas por algum tipo de mau uso das palavras.

Perguntar se Deus existe, o que é a felicidade, a justiça ou mesmo como eu posso saber se o que eu estou vendo ou ouvindo é real ou virtual seria, no entender desse austríaco, filho de uma família de judeus que se converteu ao catolicismo, perda de tempo. Ou melhor, era o sinal de algum tipo de distúrbio, de doença da linguagem. A vida era mais simples do que os filósofos pensavam e tentar responder essas questões, se não fosse impossível, seria, no mínimo, inútil. Todo o esforço de Wittgenstein foi o de tentar encontrar um único problema filosófico que valesse a pena ser pensado. A ideia era simples: ele pegava uma dessas questões esquisitas ("Se Deus é bom, por que existe o mal?") e tentava traduzir numa linguagem que pudesse ser compreendida por qualquer pessoa, mesmo quem não tinha domínio técnico do vocabulário da filosofia. Caso o problema pudesse ser traduzido, ele era apenas uma forma mais complexa de se dizer algo simples. Caso não pudesse ser traduzido, era uma armadilha da nossa linguagem.

A filosofia seria assim, uma espécie de confusão causada pelas dificuldades que o homem tem em encontrar o significado justo para os termos que usa em seu discurso. Toda a tradição da filosofia estaria dessa forma presa a falsos problemas, derivados do encantamento que a linguagem dos filósofos provoca. Esses caras estranhos estariam encantados pelo seu próprio discurso complexo, enlouquecidos pelo mau uso de termos cotidianos (Ser, Sujeito, Objeto, Bem, Ideia, Verdade, Nada). Presos à própria linguagem como moscas ficam presas no mel. Por isso, esse austríaco excêntrico, que renegou a fortuna do pai para viver uma vida ascética, dormindo numa cama de madeira sem colchão, comendo mal e trabalhando obsessivamente (ou seja, alguém que não pode ser considerado clinicamente normal), acabou por se tornar um modelo de antifilósofo. Alguém que propalava a ideia de que sobre aquilo que não podemos falar temos o sincero dever de nos calar; e que a lógica não pode, nunca, nos oferecer a resposta sobre o sentido de nossa vida. Ele escreveu: "Só pode existir dúvida onde exista uma pergunta; uma pergunta, só onde exista uma resposta; e esta só onde algo possa ser dito." Se a filosofia é uma grande confusão, então o melhor seria desistir dela. Seria justamente isso que teria acontecido no século XX se um outro filósofo, chamado Martin Heidegger, não tivesse aparecido para tentar continuar com a confusão e dar esperanças de verbas para pesquisa nos departamentos de filosofia pelas universidades mundo afora.

4

A virada da linguagem

Um dia, Jenne, uma jovem alemã que morou um ano em Natal, me perguntou:

– Por que as pessoas no Brasil não cumprem o que prometem?

No começo, não entendi, mas, com um pouco de esforço, consegui compreender o que a afligia: a linguagem. Ela não tinha compreendido que, no Brasil, as pessoas falam algumas vezes com um discurso subliminar. Quando uma amiga na escola dizia:

– Ah! Que legal! Vamos ver se a gente marca para sair no fim de semana! Eu ligo para você – Jenne entendia a última sentença "Eu ligo para você" como um alemão entenderia: ou seja, como uma promessa, um compromisso. Jenne perdeu muitos sábados esperando as ligações das amigas que prometiam as coisas e não cumpriam. Até que eu consegui explicar a ela que, quando uma garota de 16 anos no Brasil diz, naquele contexto, "Eu ligo para você", ela está querendo dizer: "Olha, você é legal e é muito provável que eu me torne sua amiga. Eu estou, inclusive, oferecendo a você uma abertura, um sinal de fumaça, para que a gente se aproxime mais."

A consciência de que a linguagem é problemática e que temos que pensar sobre ela ganhou muita força no século XX. Boa parte da filosofia do século passado se debruçou sobre a função da nossa linguagem e do nosso discurso. Se na Idade Média a principal questão da filosofia era Deus; na Idade Moderna, o conhecimento; no século XVIII, a razão; e no século XIX, a história, no século XX, a filosofia descobriu a linguagem. Tanto os pensadores que seguiam o time do Wittgenstein (o filósofo austríaco que eu citei na crônica passada) quanto os que faziam parte do conselho consultivo da equipe do Martin Heidegger debruçaram-se, de um modo ou de outro, sobre os problemas da linguagem. Essa estranha preocupação foi chamada de "virada linguística". O nome já diz tudo; subitamente, a filosofia virou-se para a linguagem e começou a refletir sobre seus labirintos. O século XX, com a informática, a grande mídia, a proliferação de meios de transmissão de informação, a publicidade, a indústria cultural e a cultura pop se tornou a era do signo. A vida do homem contemporâneo acontece num casulo de signos, envolvida numa esfera de linguagem, cercada de ícones por todos os lados (dê uma olhadinha na rua e você vai perceber isso).

Então, no século passado, os wittgensteineanos e os heideggerianos se dividiram em falanges para dar, cada um a seu modo, respostas à questão do discurso, do *logos* (para usar uma palavrinha grega básica que os filósofos adoram). Nessa disputa, as fronteiras foram demarcadas. Os países de língua inglesa (especialmente Estados Unidos e Inglaterra) deixaram-se dominar pelo pensamento de Wittgenstein e a França, pasmem, foi dominada mais uma vez pela Alemanha, ficando sob a área de influência do pensamento de Heidegger. Como numa boa e velha partida de War, os filósofos da linguagem e os hermeneutas existenciais armaram seus exércitos e jogaram os dados.

Curiosamente, existem muitas coincidências estranhas envolvendo Heidegger e Wittgenstein. Ambos nasceram num dia 26 (Heidegger em setembro e Wittgenstein em abril) do mesmo ano de 1889. Ambos falavam alemão. Eram de famílias católicas (apesar de Wittgenstein ter origem judaica e Heidegger ter trocado a Igreja pelo partido nazista); ambos tiveram professores que muito os influenciaram, mas que depois foram deixados de lado (Heidegger renegando o seu e Wittgenstein rompendo relações). Pior, o nome dos dois professores era quase o mesmo (um "Husserl" para Heidegger e um "Russell" para Wittgenstein). Os dois sabiam que a velha filosofia havia morrido. Amavam poesia e eram admiradores de Rilke e Trakl. Publicaram seus primeiros livros na década de 1920 e abalaram o universo acadêmico com esses trabalhos. Mudaram de pensamento no decorrer da vida – Wittgenstein na velhice pensando como Heidegger pensava quando era jovem, e Heidegger defendendo na velhice ideias parecidas com as que Wittgenstein defendia na época da juventude (de acordo com a tese do Richard Rorty. Lembra dele? Da nossa segunda crônica?).

Se fossem um casal não haveria tanta coincidência. Mas ao menos uma distinção fundamental os separava (além da preferência sexual): a ideia sobre o que fazer com a filosofia no século XX. Para Wittgenstein, a aventura filosófica havia acabado e era a hora de se dedicar a coisas mais úteis como jardinagem ou leitura de romances policiais; para Heidegger, o que havia acabado era uma forma equivocada de fazer filosofia. Por isso, era a hora de recomeçar. Retroceder à velha Grécia para reiniciar a aventura. Ver o que tinha dado errado e começar tudo de novo, de um novo modo.

5

Na Terra do Pôr do Sol

Conta a lenda que Martin Heidegger, entre 1943 e 1944, refugiou-se na Floresta Negra, ao sul da Alemanha. Escondia-se da guerra no interior do ambiente calmo e silencioso da floresta escura e fria que abrigou, durante tantos anos, as cabanas de seus ancestrais germânicos. Diz-se ainda que Heidegger levara apenas um punhado de escritos em grego antigo. Fragmentos e textos dos filósofos pré-socráticos – aqueles que haviam surgido antes de Sócrates, os chamados "pensadores originais", que deram início à aventura filosófica na Terra do Pôr do Sol (Abendland, em alemão. Uma outra forma de se referir ao Ocidente).

A Europa estava em ruínas. A civilização tecnológica, desenvolvida a partir da ciência moderna, havia causado uma catástrofe humana sem precedentes. Um cortejo fúnebre de cadáveres cobria todo Ocidente, estendendo com seu manto sombrio uma nuvem de sangue por todo o hemisfério norte. A civilização industrial havia fornecido as ferramentas para a guerra total, para as máquinas poderosas de matar, para as câmaras de gás nas quais milhões e milhões de eslavos, judeus, ciganos, homossexuais, artistas e ativistas políticos de toda ordem foram sistematicamente eliminados. O mundo de Heidegger era tão sombrio e sinistro quanto sua Floresta Negra, da Schwarzwald alemã que lhe abrigava. Mas Heidegger também carregava um constrangimento público que mancharia seu currículo para sempre. Alguns anos antes da eclosão dessa guerra, o filósofo havia aderido entusiasticamente ao Partido Nacional Socialista de Adolf Hitler. Havia se tornado reitor da Universidade de Freiburg em pleno advento do nazismo e saudado o *Füher* com o seu discurso "A autoafirmação da universidade alemã". Mas não foi apenas isso. Heidegger se tornou um líder dos jovens estudantes nazistas, um defensor fervoroso da ideia de revolução que levaria à Europa a grande tragédia humana daqueles anos escuros.

Muita gente boa afirma que Heidegger nunca deixou de ser um nazista safado. É provável que eles tenham razão. Sua adesão ao nazismo e sua crítica à sociedade industrial andam juntas. Afinal, o velho Martin Heidegger era filho de uma família de camponeses da cidadezinha de Messkirch e parecia muito natural que a ideologia nazista fascinasse um sujeito como ele, que tinha uma rejeição natural à modernidade e ao mundo superficial e vazio das grandes cidades burguesas. A busca da autenticidade e da vida próxima à natureza, a luta para manter a fidelidade às suas origens, a ideia de terra, de povo, de cultura popular – eram signos que faziam muito sentido ao partido de Hitler. Foi justamente a busca por uma Alemanha pura, de uma fonte original da cultura ocidental, que fez com que o partido nazista ganhasse força.

No mundo de Heidegger, a busca por esse universo perdido se refletia no estudo dos antigos pensadores gregos. Seus esforços se concentravam em responder à pergunta: "O que deu errado?" O que havia acontecido com a aventura filosófica do Ocidente? Por que a filosofia havia morrido e sido substituída pela ciência? O que restaria no lugar? Como reagir nesse novo mundo, industrializado, massificado, vazio de valores, seco de beleza? Heidegger acreditava que algo havia acontecido com a filosofia. Os primeiros pensadores, os que vieram antes de Sócrates, de Platão e de Aristóteles, estavam no caminho certo, mas uma virada no pensamento havia mudado o rumo da aventura. Uma transformação, uma guinada para o lado errado. A filosofia havia virado metafísica (uma palavrinha curiosa, que merece uma crônica especial mais à frente). Platão – sim, o velho Platão – havia mudado o curso da aventura. Havia feito um desvio. Ele criou a noção de que haveria uma realidade fora do alcance dos nossos sentidos. Um mundo de ideias puras e formas abstratas que poderiam ser "contempladas" pela razão.

Para Heidegger, a filosofia teria começado a se perder aí. Teria deixado de ser um pensamento original sobre a natureza e passado a ser uma doutrina que dividia o mundo em dois. Que separava a nossa experiência concreta e cotidiana da fonte das respostas mais fundamentais. O homem ocidental, depois de Platão, havia ido buscar no céu as respostas que já estavam presentes aqui na terra e, nessa busca teórica nos mundos abstratos das esferas estelares, acabou criando a ciência e, com ela, o mundo da tecnologia. Com esse mundo frio e robótico, industrializado e massificado, uma nova doença havia se instalado: "o esquecimento do ser". Para Heidegger, o papel da filosofia na modernidade seria o de buscar alternativas à essa doença. Para isso, ela deveria retroceder até as suas origens. Até seu momento inaugural. Começar tudo de novo, de uma nova forma.

Se havia alguma esperança para aquele mundo em ruínas, ao menos na mente daquele filósofo, perdido nas sombras da sua própria floresta interior, cercado por textos estranhos escritos em uma linguagem perdida, ela estava em recomeçar. Retornar ao berço. Regressar para a pátria onde tudo começou, abandonar uma Europa em ruínas e viajar no tempo para a Grécia dos primeiros filósofos.

6

Começo da aventura

A Grécia é um país fascinante. Quem tem mais de trinta anos com certeza se lembra bem das viagens de Dona Benta e Tia Anastácia para a Grécia de Péricles no famoso *Sítio do Pica-pau Amarelo*. Lá, os gregos vestiam aqueles ridículos lençóis brancos, pregados com broches no ombro direito e aquelas coroas idiotas de louro na cabeça. Mas, se formos pensar, a Grécia é muito mais do que aquilo que aparecia na TV.

Aliás, a rigor a Grécia não existiu até 1820, quando houve a guerra da independência contra os turcos para surgir enfim o moderno estado nacional grego. Na verdade, se você procurar um país com fronteiras definidas, uma bandeira, um hino nacional e uma seleção de futebol (ou seja, tudo o que realmente importa para se fazer uma nação) chamado "Grécia" antes de 1820, você não vai encontrar. Isso porque a Grécia (ou Hélade) não era um país, no sentido moderno do termo, mas um amontoado de cidades-estado, mais ou menos independentes umas das outras, com regimes políticos próprios, deuses particulares, composição étnica e jurídica distintas.

Essas cidades se espalhavam por todo o mar Egeu (por aquele amontoado de ilhas legais que ficam lotadas de lindas garotas europeias nuas na beira da praia no verão), pela costa da Turquia, pelo norte da África, pelo sul da Itália, na Sicília e até em Portugal. Talvez a única coisa que realmente tivessem em comum era um certo sentimento de pertencerem a uma comunidade, derivado, em muito, do uso de uma escrita e de um idioma comum. Por isso, é muito impreciso dizer que "a filosofia começou na Grécia". Primeiro porque Tales, o mais antigo filósofo grego conhecido, nascido por volta do século VI a.C., morava em Mileto, na costa da Turquia. Então mais exato seria dizer que a filosofia começou na Turquia.

Porém, dizer uma coisa dessas é perigoso. Poderia gerar sérios problemas políticos; porque gregos e turcos têm uma relação um pouco menos amistosa do que a de brasileiros e argentinos às vésperas de uma final de Copa América.

Na verdade, esse é apenas um dos problemas sobre a origem da filosofia. Existem autores (chamados de orientalistas) que defendem a ideia, por exemplo, que essa novidade chamada filosofia nem sequer foi uma invenção do povo da Hélade. Para os orientalistas, os gregos, cuja civilização é bem mais recente do que a de sumérios, egípcios, persas, chineses, indus e judeus, não estaria imune à influência dessas outras civilizações e poderia ter recebido as bases da filosofia de outros povos e não a inventado do nada.

Um reforço dessa ideia pode ser a tese de que a filosofia, em seu começo, não era muito diferente das seitas místicas, dos mistérios órficos e da religião monoteísta dos judeus. O cristianismo primitivo, por exemplo, bem mais judaico do que romano, quando aparece pela boca de Paulo na costa do Egeu foi confundido de imediato com mais uma escola de filosofia e não identificado como uma religião.

Havia também uns caras chamados de "digambaras", que andavam nus e habitavam o Hindurstão, praticando formas primitivas de jainismo. Esses sujeitos teriam inspirado sábios chamados de "gimnósofos" na costa mediterrânea. Também um cara chamado Estrabão, que escreveu um livro chamado "Geografia", dizia que teriam vindo da Ásia as formas musicais que inspiraram as antigas e misteriosas religiões dos mistérios gregas, fornecendo as bases da teoria musical de Pitágoras.

Também havia os shramanas da Índia (Sidarta Guautama parece ser o mais famoso deles), uma elite intelectual de livres pensadores praticantes de diversas formas de ascese que, por volta do século VII a.C., iam de vila em vila, proporcionando acirrados debates públicos sobre temas da religião hindu.

Mas, como tudo na filosofia é polêmico, um sujeito chamado Diógenes Laércio, eurófilo militante, defendeu a ideia de uma espécie de "milagre grego". Assim, a filosofia teria surgido repentinamente, bruscamente, sem antecedentes. Seria produto do "gênio grego". Uma contribuição decisiva da Grécia para a humanidade. Sem nenhuma influência do Oriente. Na verdade, essa ideia parece bem mais uma crença política para embalar o nacionalismo grego e salvar a Europa do vexame de não ter criado nada de original para a humanidade.

Isso porque quase tudo de realmente importante na vida da gente parece ter sido produzido ou na África, ou na Ásia (ou na América, talvez, se levarmos em consideração o milho, motivo básico das festas de São João e de toda aquela ralação de órgãos sexuais nos forrós da vida durante o mês de junho). A rede de dormir (maior invenção da humanidade), as cidades, a escrita, a agricultura, a domesticação de animais, o fogo, o papel higiênico (imagine o que é viver sem um) e o macarrão foram criados por outras civilizações. Sobraria então, para os gregos e os europeus, a tal da filosofia e as fraldas descartáveis.

7

Mamãe literatura

Há uma ideia derivada de uma curiosa teoria chamada de Lei dos Três estágios (explorada pelo francês Auguste Comte no século XIX, mas já desenvolvida por Turgot em 1750) que afirmava possuir o conhecimento humano três etapas de desenvolvimento. O estágio religioso (mitológico), o filosófico (metafísico) e o científico. Por trás dessa ideia, além da crença de que o conhecimento científico seria a expressão última da autoconsciência da humanidade, a dupla Turgot-Comte nos deixou a ideia de que a filosofia teria surgido a partir de uma ruptura inicial com a mitologia.

Esse tipo de pensamento acabou por se tornar mais um dos "dogmas de livros didáticos de Ensino Médio" e tem tudo para se tornar uma bela questão de vestibular no dia em que as universidades resolverem criar uma prova de múltipla escolha com questões de filosofia.

A partir desse ângulo, a filosofia antecipa a ciência e prepara o caminho, instigando uma postura investigativa e autônoma diante de crenças e preconceitos de cunho religioso, poético e mitológico – ainda que sem um método eficaz e sem nada a oferecer (em termos de tecnologia) que justifique pragmaticamente as verbas para pesquisa nas universidades. Nesse sentido, a mãe da filosofia só poderia mesmo ser a matemática que, antes dos primeiros filósofos pisarem nas cidades-estado da costa da Turquia, vindos não sei de onde, já era largamente utilizada, quebrando o galho de muitos arquitetos, engenheiros e agrônomos mundo afora.

A ideia é que os filósofos seriam então inimigos dos poetas, e que buscavam produzir uma espécie de "matemática com palavras", um mecanismo de argumentação e de investigação da natureza que pudesse oferecer um conhecimento livre de devaneios imaginativos, baseado numa estrutura lógica de argumentação.

A dupla de ataque do positivismo Turgot-Comte, jogando pelas laterais ou tabelando na entrada da área, acabou por chutar forte contra as tendências orientalistas e místicas da filosofia. Nossa dama problemática, nossa desconhecida íntima, seria então uma antecipação da ciência, filha da matemática, da engenharia e da agronomia, que tinha como principal objetivo romper com uma visão religiosa e mitológica de mundo e, como principal defeito, a ausência de um método seguro e objetivo de investigação (só desenvolvido por Galileu Galilei, alguns séculos depois).

A questão é que, debaixo da trave do time inimigo, Turgot e Comte encontraram um goleiro da categoria de um Gordon Banks, mitológico arqueiro da seleção inglesa de futebol de 1966 que defendeu uma cabeçada de Pelé na copa de 1970 – dizem que foi a maior defesa de todos os tempos.

Friedrich Nietzsche, também no século XIX, desconsiderou a interpretação matematizante e cientificista dos positivistas, levantando a ideia de que a filosofia era, na verdade, uma forma de literatura, um tipo de escritura, de mitologia branca.

A partir daí, o que contava não era o conhecimento intelectual, teórico, sobre o mundo. Para Nietzsche, o que importa, na porcaria dessa vida, é a vida em si e tudo de belo e terrível que pode emergir disso. Ora, se a filosofia era um gênero literário, um artefato estético, e não uma antecipação do conhecimento científico, então ela não havia rompido com a mitologia. Ela deveria sim ter surgido a partir da mitologia. Deveria ser uma filha da poesia, uma forma derivada do verbo dos poetas, com sua abrangência, sua liberdade, seu impacto auditivo e sua força estética.

Como uma bela disciplina que se situa na zona de fronteira entre mundos diversos, a filosofia permanece assim, indefinida, com suas nebulosas origens e suas inquietantes imprecisões.

8

Sobre a natureza

A primeira vez que ouvi falar sobre aquecimento global foi em 1986. Na época, tinha 12 anos e costumava ler uma revista chamada *Planeta*. Em um dos números dessa revista, foi publicado um artigo mostrando como seria o mundo no longínquo ano de 2010. Um dos tópicos mostrava a imagem da Estátua da Liberdade coberta de água até a altura do peito. Dizia que, devido à poluição (não especificava o CO_2), o clima esquentaria, o gelo nos polos derreteria e o nível do mar subiria e inundaria inúmeras cidades costeiras. Fiz, imediatamente, os cálculos e descobri que, em 2010, eu estaria com 36 anos.

Na época, os meus 36 anos pareciam estar a anos-luz de distância. Para um garoto de 12 anos, pensar 36 anos era quase como pensar dois séculos. Mesmo assim, não deixei de me impressionar com o tal artigo e fiquei realmente perturbado por uma semana com a consciência de que, um dia, quando eu tivesse 36 anos, meu mundo iria acabar debaixo de bilhões e bilhões de litros de água salgada, que atravessariam o Parque das Dunas (um conjunto de morros de areia que separa a cidade de Natal do mar) e inundariam minha casa.

Muito tempo depois, pude perceber que a ideia de um aquecimento global era mais sofisticada do que a gravura da revista *Planeta* me fizera pensar e que ameaçava muito mais a civilização em que eu havia sido criado do que o mundo como um todo.

No íntimo, a natureza usa mecanismos de aquecimento e resfriamento cíclicos para se autorregular.

Essa consciência não aliviou a sensação de morte e falta de sentido que andava perturbando meus sonhos desde os 12 anos; mas me deu uma estranha impressão de que, apesar de tudo, a vida se impõe.

Eu havia entrado em contato com aquilo que os antigos filósofos gregos chamavam de *thauma*. Algo que pode ser descrito como "maravilhamento". Um misto de medo e fascinação diante da natureza. Essa é uma impressão mista e ambígua que está na raiz da religiosidade. A ideia de que o mundo que nos circunda, com seus ritmos próprios e suas regras, pode, a um só tempo, nos encantar e nos destruir. A natureza é assim: bela e terrível. Pode ser singela, sublime, grandiosa, graciosa ou impiedosa. Mas, o que é a natureza?

Essa é a pergunta que os primeiros filósofos se fizeram na Grécia Antiga. Os *physicos* (assim, com "*ph*" e "*y*") temiam e se encantavam com aquilo que espontaneamente se produz (*physis*). Com todo o conjunto de fenômenos que não necessitam inexoravelmente da mão do homem para se reproduzir. As nuvens, a água dos rios, as árvores distantes no topo dos morros de areia, a névoa das cinco da manhã cobrindo a praia, a onda que estoura a barreira de argila e a faz tombar. Mas, curiosamente, esses primeiros filósofos não se contentaram em tentar desenvolver rituais para proteger o homem dessa estranha massa de mundo que os circundava.

Não buscavam desenvolver sortilégios, cantos, danças e orações que pudessem manter o mundo natural em ordem, sob controle. Pensadores como Heráclito e Parmênides reagiram de modo curioso e inusitado ao "maravilhamento" que a natureza produzia.

Em vez de suplicar à natureza (ou ao dono dela) ou sacrificar animais para calar sua inconstância, eles observaram o ambiente com olhos curiosos. Em vez de cantar a natureza, de pintá-la ou esculpi-la; em vez de tentar criar alguma engenhoca que procurasse submetê-la aos caprichos humanos, os antigos *physicos* do mundo grego simplesmente se perguntaram: "Por quê?"

Por que a natureza era o que ela era? Por que ela, num momento, nos encanta e nos envolve com vida, em outro momento, simplesmente nos mata, como se não tivéssemos a mínima relevância? De que é feito tudo isso que se cria sozinho, que estava aqui antes de eu chegar e que vai permanecer aqui quando eu me for? Qual o princípio que sustenta toda essa ordem e que faz dessa imensa desordem um espaço para a vida?

A originalidade da reação da filosofia ao maravilhamento do mundo, ao encantamento e ao terror que a vida nos traz está na atitude mental. Afinal, a melhor maneira de você enfrentar seu medo é compreendendo a natureza de seus próprios fantasmas.

9

A verdade bem redonda

É preciso que de tudo te instruas
do âmago inabalável da verdade bem redonda
e de opiniões de mortais, em que não há fé verdadeira,
no entanto também isto aprenderás, como as aparências
deviam validamente ser, tudo por tudo atravessado.

Parmênides (o autor das palavras que aparecem nos versos aí em cima) nasceu na Itália (numa cidade da Magna Grécia chamada de Eleia) por volta de 530 a.C. Ficou famoso por ter desenvolvido, através de um conjunto de versos divididos em duas grandes partes, toda uma visão de mundo baseada na ideia de imobilidade. O personagem central dos versos é o próprio poeta-filósofo, que é levado num carro incandescente guiado pelas musas (filhas de Mnemonise, a deusa da memória).

A viagem de Parmênides faz referência a um tipo muito particular de transposição. Um deslocamento semelhante à ascensão de Elias num carro de fogo na direção dos céus, ou de Dante, na sua busca através dos ciclos do Inferno, Paraíso e Purgatório por Beatriz.

Em todos os casos há uma descrição firme ou de um arrebatamento ou de uma transição entre mundos. Há imagens de uma escalada pelas esferas do céu em direção ao caminho da "verdade bem redonda". Muitas são as histórias de viagens povoando o imaginário dos homens.

Talvez todas as histórias já cantadas, em verso ou em prosa durante esse tempo da humanidade, apenas a três tipos se reduzam. As que falam sobre um amor; as que falam sobre um deus que morre; e as que falam sobre uma viagem. A viagem do poeta-filósofo Parmênides, um dos primeiros pensadores da antiga Grécia, marca um momento de transição no universo da cultura antiga.

A filosofia está presente em seus versos, mas ela ainda não encontrou o gênero monográfico que se tornou o padrão nas universidades modernas. Ainda está ligada ao mundo mágico e lírico das musas, as mesmas criaturas divinas do mundo fantástico da sagrada deusa ancestral que encantam e conferem poder aos poetas.

A fonte do pensamento de Parmênides, antes de ser a reflexão racional, a análise meticulosa, a observação e a experimentação, é o furor divino do verbo poético.

Do ponto de vista de Parmênides e de seus seguidores, o movimento é uma ilusão. A geração de todas as coisas, o crescimento e a corrupção ou o tempo, com seus ciclos de apogeu, decadência e morte, são apenas erros dos sentidos falhos, que não alcançam a verdade bem redonda do Ser.

Se qualquer um de nós, em vez de um táxi para a Lapa, em uma sexta-feira à noite, entrasse no carro de Parmênides, seríamos alçados a um ponto de vista privilegiado. Poderíamos ver o mundo em sua totalidade, de fora dele, como se tivéssemos sido pegos na carona de um objeto não identificado e pudéssemos contemplar não apenas a Terra, não apenas o Sistema Solar ou a Via Láctea, mas todo o universo, bem de longe, em sua totalidade.

Se pudéssemos ter essa experiência, se pudéssemos ver o mundo como a poesia de Parmênides nos induz, teríamos a sensação de que ele seria inteiro, esférico, inabalável e sem fim; tudo junto, uno, contínuo.

Seríamos tomados pela deliciosa sensação de que o tempo, a morte e a decomposição são reflexões, projeções, sombras de nossa mente que toma o caminho errado do entendimento e pensa que as coisas são como aparecem para a gente.

Os seguidores de Parmênides entendem através da poesia, que a matéria que me compõe não desaparece. Nada no universo se cria assim como nada no universo se perde. As transformações superficiais das coisas não impõem a elas uma mudança substancial. Viver, sofrer, mudar e morrer não são a rigor, coisa alguma, se a matéria que compõe meu corpo não se perde, voltando a fazer parte do mundo que me circunda, se somos todos "poeira de estrelas" antigas, nada se perdeu nem se criou na história de nossas vidas.

10
O mundo não se move

A ideia de que o movimento do mundo (e com isso a temporalidade) é uma ilusão acabou por estimular filósofos da chamada Escola Eleática (de Eleia, cidade de Parmênides) por volta de primeira metade do século V a.C.

Naquela época, a Grécia reerguia-se de um período bastante conturbado, chamado de "Idade Média grega". Esse período seguiu-se à invasão dos dórios, por volta do século X a.C. Por quase quatrocentos anos, o povo grego viveu sob um regime de clãs, tribos familiares; habitando longe da vida urbana e da escrita. Quando Parmênides apareceu com sua ideia de imobilidade, a civilização dos gregos estava sendo reconstruída. As bases dessa reconstrução estavam em duas ferramentas importantes: as cidades e a escrita.

Foi justamente nesse universo que as ideias de Parmênides foram disseminadas por discípulos como Zenão, com sua famosa experiência de pensamento "Aquiles e a tartaruga".

Experiência de pensamento é o nome criado para designar algumas histórias que os filósofos costumam contar como forma de elucidar as suas ideias e, ao mesmo tempo, reforçar seus argumentos. A mais famosa nos dias de hoje foi a experiência de pensamento do "cérebro numa cuba" de Hilary Putman, que deu o mote para os irmãos Wachowski escrever o roteiro da série *Matrix*.

O tal do Zenão, discípulo de Parmênides, imaginou uma experiência de pensamento para justificar as ideias que seu mestre havia desenvolvido no poema "Sobre a Natureza" (posteriormente vou falar um pouco sobre esse título). Na historinha de "Aquiles e a tartaruga", Zenão imagina uma corrida esdrúxula entre o herói homérico e uma tartaruga. Nessa corrida, Zenão afirma que, se a tartagura saísse com uma vantagem de 50 metros em relação a Aquiles, nosso herói, matematicamente, jamais a alcançaria.

Loucura? Mais ou menos.

A ideia é que, se uma distância X divide um corpo (A) de um corpo (B) e o corpo (A), após certo tempo, avançou até metade do caminho, ainda faltará 50% da distância para que (A) encoste em (B).

Se (A), alguns segundos depois, avançou até metade desses 50% que faltavam, ainda vai faltar mais 50% da metade que sobrou. Isso vai continuar assim para sempre.

Sempre vai faltar uma metade para se chegar a algum lugar.

Ou seja, do ponto de vista de uma lógica estritamente matemática, a gente nunca chega a lugar algum.

Calma.

Não se apavore.

Você não voltou para o primeiro ano do Ensino Médio, nem eu sou aquele seu professor de física que protagonizava seus piores pesadelos às vésperas da semana de provas. Na verdade, o que Zenão tentou demonstrar com sua experiência mental era que, a despeito de sentirmos que estamos nos movendo, do ponto de vista estritamente lógico (ou pelo menos seguindo uma lógica que Zenão e os discípulos de Parmênides consideravam pertinente) nada acontece.

Ou seja, Zenão transformou em experiência matemática aquilo que Parmênides havia descrito através de um poema. Esse é um elemento significativo acerca da filosofia e que, de um modo ou de outro, eu já havia discutido em outra crônica. A filosofia transita entre a matemática e a literatura, tecendo uma ponte entre esses dois mundos.

Eu, coitado, que entrei para o mundo da filosofia pelo lado da literatura, demorei ainda alguns dias pensando na fábula de Aquiles e da tartaruga para poder entender o sentido da história. Por isso, não precisa ficar irritado se você não conseguiu também entender o sentido dessa pequena anedota de filósofo.

Talvez você seja como eu, do partido da literatura. Talvez, mesmo sem saber, você pode ser um discípulo de Heráclito, mais um filósofo estranho que, há 2.500 anos, resolveu pensar sobre o movimento, o tempo e a morte.

11

Tudo passa

Nos fins do século VI a.C., surgiu na Jônia (costa da Turquia) um pensador que marcaria a filosofia contemporânea. Seu nome era Heráclito e sua cidade, Éfeso, terra da deusa Ártemis, a caçadora, senhora da natureza selvagem e das florestas escuras. Ele seria o autor de um livro chamado (adivinha?) *Sobre a natureza*, o mesmo título do poema de Parmênides.

Não se tratava de um plágio, nem de algum erro no escritório de registro de direitos autorais (não havia o conceito de autoria no século IV a.C.). Naquele período todo pensador escrevia um livro intitulado *Sobre a natureza*.

O fato é que Heráclito teria escrito esse livro, segundo alguns, em pedra, e depositado em frente ao templo de Ártemis como uma oferenda para a deusa.

Mas a história tratou de decompor a obra de Heráclito, e dela só nos restou o nome, a lenda e um punhado de fragmentos (em forma de comentários de terceiros, espalhados pelos textos de diversos autores como Aristóteles e Diógenes Laércio). Por causa disso, Heráclito foi chamado por muito tempo de "O Obscuro".

Bem, o fato é que há uma diferença fundamental entre um aforismo e um fragmento. Um fragmento é um pedaço, uma parte deslocada do todo. Então, seu sentido original se perde por causa do deslocamento. Um aforismo é inteiro. Completo. Seu sentido está totalmente contido na extensão de sua frase. Ele é curto, mas não é fragmentário.

Como o livro de Heráclito se perdeu, e só sobraram os fragmentos registrados em comentários feitos por outros autores, seu pensamento, a exemplo da deusa à qual ele rendia suas homenagens, mergulhou na escuridão e na penumbra por quase dois mil anos.

Heráclito foi considerado durante todo esse tempo como um pensador estranho e menor. Um apêndice da obra grandiosa de Aristóteles. Mas esse foi o destino de quase todos os pensadores originais. Obliterados pelo cristianismo de Agostinho, Anselmo, Tomás de Aquino, toda essa turma da linha de frente da filosofia antiga era meio que desprezada porque, entre eles e o resto do mundo, havia os Irmãos Metralha (Sócrates, Platão e Aristóteles) do cristianismo.

Foi necessário muito tempo e muita pesquisa histórica para que Hegel percebesse a importância e a pertinência das ideias de vários desses pensadores originais, esquecidos e ofuscados pelo marketing cristão e os Três Patetas (ops, desculpe, foi um lapso!), ou melhor, os Irmãos Metralha (Sócrates, Platão e Aristóteles). Mas Hegel extraiu pelo menos uma ideia fundamental dos fragmentos de Heráclito: a dialética.

Sim, a dialética! Quem nunca ouviu essa palavra nos anos 1960 e 1970? Quem não lembra dela no movimento estudantil? Quem não lembra dos bons e velhos jargões dialéticos dos sindicatos brasileiros ou mesmo as discussões dos intelectuais de esquerda nas mesas de bar, cheias de copos de cerveja e bolinhos de bacalhau em pratos de plástico? Pois é, amigo leitor, nem Hegel, nem Marx, nem Platão. Quem abriu caminho para o surgimento da dialética foi Heráclito de Éfeso, dito "O Obscuro"; aquele que não podia entrar nas mesmas águas de um rio duas vezes.

O conceito é simples: tudo passa; tudo flui. O que a dialética nos ensina é que nada permanece o mesmo todo o tempo. Que as coisas mudam, que tudo é transitório e tudo carrega em si o seu contrário. A vida já é o começo da morte. O frio já traz em si as marcas do calor, assim como o calor carrega sempre as possibilidades do frio. Os pedaços da obra de Heráclito fizeram Hegel pensar que tudo está contido no fluxo do tempo e que, mediante esse fluxo, tudo se transforma no seu oposto.

Um corpo vigoroso e firme, um dia, será um cadáver. O calor de uma fogueira será, brevemente, substituído pelo frio de suas cinzas. Tudo passa; tudo flui. *Panta rei, panta corei.*

12
Tudo flui

Sempre fico estranho quando vou ao centro da cidade. Como cresci na zona sul de Natal, a sudoeste do Machadão – o estádio de futebol da cidade – lembro que ir ao centro nas manhãs de sábado, com meu pai, era uma romaria. Sabe como é, cidade minúscula... A zona sul parecia um imenso sítio, uma fazenda iluminada construída às margens do campus universitário.

No centro era diferente. Ali havia todo um misterioso mundo de possibilidades. Havia as livrarias, as lojas de brinquedo, as lojas de departamento, as vitrines mais caras e mais coloridas. Sábado pela manhã a cidade se encontrava no centro. Não havia praça de alimentação, nem banheiros com plaquinhas coloridas, nem ar-condicionado, nem chão escorregadio.

As pessoas viviam, compravam, comiam, bebiam, conversavam ao ar livre. Embaixo do céu sem fim de uma cidade que morreu.

Sim, fico estranho quando vou ao centro daquela cidade que morreu. Tudo mudou. As lojas sofisticadas fecharam, as vitrines mais caras sumiram, os antigos casarões foram sendo lentamente derrubados para, no lugar, surgirem estacionamentos lajeados que alugam suas vagas a 2 reais. Ainda há movimento nas manhãs de sábado, mas não é a mesma coisa.

Hoje a coisa é outra. A cidade que eu conheci na infância morreu e sobre seu cadáver uma outra cidade surgiu rivalizando com o céu, que antes era senhor de toda essa terra que se estendia entre o quintal da minha casa e as mais importantes e movimentadas calçadas do agora velho e decadente centro.

Compreendeu por que eu fico estranho toda vez que tenho que ir ao centro?

Ok, todo mundo sente isso, de um modo ou de outro. Chame de nostalgia, banzo ou saudade, não importa o som da palavra, o sentido é um só: "saudades de casa". Aquela sensação de se estar apartado do seu país natal, do seu lar, da sua origem, da sua fonte, daquilo que compõe os fundamentos do seu Ser ou, simplesmente, a lembrança de um momento agradável, morto na névoa do tempo.

A melhor maneira de lidar com esse estranho sentimento é aprender as lições dialéticas do velho Heráclito e aceitar que tudo passa, tudo flui. Nada permanece o mesmo e tudo queima.

As forças que fazem algo surgir são as mesmas que a derrubam. O poder que cria um organismo é o mesmo que o decompõe. O oxigênio que dá a vida é o mesmo que envelhece o corpo. O elemento que constrói é o mesmo elemento que destrói. O balé da existência é a dança que mantém o mundo oscilando entre a força que ergue e a força que desmonta. Assim como o meu velho centro das manhãs de sábado, Heráclito me ensina que tudo que existe nesse mundo um dia vai desaparecer. Que o nada não é o oposto do Ser, mas que ele é o vazio que faz o copo ser copo.

Sabe o que é mais interessante? Ninguém domina esse fluxo. Ele nos submete, mas nós não temos como controlá-lo, retardá-lo, mudar seu curso, porque ele nos contém. Um dos fragmentos mais famosos de Heráclito é aquele que diz algo do tipo: "Não se pode entrar nas mesmas águas de um rio duas vezes." Poderíamos completar: "Nem nas de uma lagoa, tio Heráclito." Porque mesmo que a água esteja parada, eu estou me movimentando. Mesmo que a água seja a mesma água (o que de modo algum acontece), eu não seria o mesmo. Meu corpo muda, assim como o rio muda, a lagoa muda e como a cidade em que eu vivo muda. Tudo está mergulhado no rio do tempo. Cercado de temporalidade. Envolto no desgaste do movimento das coisas.

Você já parou para pensar qual porcentagem da matéria que compõe seu corpo é formada pelos mesmos átomos que você tinha quando nasceu? Quanto de sua personalidade, dos seus hábitos, dos seus desejos, dos seus sonhos, dos sons loucos que fazem sua cabeça permanece desde a sua infância? Talvez você tenha mudado também. Como o centro da minha cidade. Talvez você tenha morrido e renascido várias vezes nessa vida, possuído pelo rio do tempo que fez Heráclito pensar que a "guerra é senhora de tudo".

Se Heráclito estiver certo, toda nostalgia é perigosa porque nesse lar que é o nosso tudo passa, tudo flui e o apego nostálgico a qualquer coisa pode não ser um modo muito inteligente de lidar com esse mundo.

13

Filósofos e juízes

Lembro da declaração do sábio Akiba, que viveu na Palestina entre os anos 40 e 135 da nossa era: "Se tivesse em meu poder um intelectual o espancaria como a um jumento!" Pois bem, como vivemos numa época em que intelectuais correm o sério risco de serem espancados como jumentos (se alguém prestar atenção ao que eles dizem, é claro), então vou tentar me afastar, por motivos de segurança, de manutenção da minha integridade física e da minha propriedade literária, de jargões linguísticos e de intricados conceitos técnicos.

Falar de filosofia em linguagem de gente normal é uma tarefa difícil. Às vezes mais difícil do que falar de filosofia na linguagem técnica de um filósofo. É como pedir a um neurocirurgião que explique, para a dona de casa e o estudante de nível médio brasileiro, no jornal do meio-dia na TV, a diferença entre aneurisma cerebral e derrame.

No fim das contas, é necessário algum poder de síntese, alguma falta de pudor em falar as coisas de modo impreciso, certo descompromisso saudável com o rigor dos conceitos, uma boa dose de humor e uma leve e distante vontade de que as pessoas entendam o que você está dizendo.

Ou seja, tudo aquilo que um filósofo acadêmico despreza.

Mas a filosofia é assim mesmo. Ela ama se esconder. Quanto mais você corre atrás dela, mais parece que ela foge de você. Por isso, na origem, o termo "filósofo" ganhou essa conotação: "amante do saber".

Se o termo tivesse a ver com o Direito o correto seria: "marido do saber". Sim, porque, oficialmente, quem sabe das coisas é o bacharel. Ele é o "marido do saber". De papel passado, com direito a regime de separação parcial de bens e solidariedade familiar em caso de divórcio.

O juiz, ao contrário do filósofo, fez um concurso e por isso está casado com a sabedoria. Dorme com ela, acorda de manhã, toma café, almoça, janta e assiste às partidas da Copa do Brasil na quarta à noite enquanto ela, entediada, come uma bacia de pipocas no sofá.

O filósofo, que difere do juiz justamente por não ter emprego público (a não ser como professor) e pelo salário, é o "amante da sabedoria".

Encontra-se com ela nos motéis clandestinos da verdade ou nos restaurantes psicodélicos da argumentação. Livre do tédio do cotidiano conjugal, o filósofo se ressente de não ter esse vínculo oficial com a sabedoria, ao passo que o juiz sonha em se livrar dele (mantendo, é claro, o salário e pagando o mínimo de pensão alimentícia).

Para se entender a natureza da filosofia, é preciso remontar a relação entre a filosofia e a justiça, que está tão bem retratada no diálogo "Eutífron", de Platão. Lá, Sócrates (o Ricardão da filosofia) se encontra com Eutífron (alguém que vinha ao templo em busca da justiça). Ele buscava um juiz, mas acaba encontrando um filósofo. Na verdade, Eutífron vinha denunciar o próprio pai, que deixara um escravo morrer de fome preso dentro de um buraco. A polêmica gira então em torno da atitude de Eutífron, que é interceptado por Sócrates e termina a conversa sem conseguir oferecer a denúncia nem saber o que é a justiça. Essa é a diferença entre se buscar um juiz e um filósofo.

O juiz tem a obrigação pública de dizer o que é a justiça. Sócrates não. O juiz tem o dever de não entrar em contradição e dar conta das demandas que lhe são apresentadas. Sócrates não. O juiz está atrasado para mais uma audiência. Sócrates passa o dia na praça do mercado batendo papo com os amigos e fica irritado quando Xantipa, sua mulher, vem reclamar que não tem nada para cozinhar na hora do almoço. Qualquer juiz ficaria constrangido ao não achar uma solução para o problema proposto por Sócrates ("O que é a justiça?") e se envergonharia se deixasse claro que a sabedoria só está casada com ele de papel passado, mas que se diverte com o filósofo nas horas vagas.

Sócrates sente orgulho de "saber que nada sabe" e sua grande curtição é procurar sua amante pelas ruas, esperando a hora em que ela resolva dar uma "rapidinha" antes de voltar para o templo, para o fórum ou para o palácio real prestar expediente. Percebeu como é difícil compreender como algumas pessoas preferem ser juízes em vez de filósofos? Especialmente quando você não faz uma comparação dos contracheques.

14
A invenção da ética

A primeira vez que ouvi falar de Sócrates foi em 1982. Tinha oito anos e estava começando a formar um discurso mais ou menos articulado sobre o futebol (elemento essencial na formação da consciência do brasileiro).

Meu país estava passando por uma grave crise que duraria mais ou menos 15 anos, com depressão econômica, inflação e conturbações políticas que envolveriam a queda de um regime político, o surgimento de uma nova Constituição Federal, a morte de um presidente e o *impeachment* de outro e mais uma sensação aguda de desesperança. Num dia qualquer daquele ano, antes que eu pudesse corporificar minha ideia de crise, meu pai ficou muito ansioso porque a URSS tinha feito 1 a 0 no jogo de estreia da seleção brasileira na Copa da Espanha.

Aquele foi o primeiro jogo de futebol que eu lembro ter assistido. O Brasil virou para 2 a 1 e começou uma campanha maravilhosa que encantou o mundo e que poderia ter mudado o rumo do futebol contemporâneo, se não fosse aquela famigerada "tragédia de Sarrià", quando o time perdeu para uma retrancada e traiçoeira Itália de um Paolo Rossi que eu aprendi a odiar com todo meu coração.

Foi naquele ano que eu conheci Sócrates. Ele era médico, como meu pai. Jogava bem e fazia gol de calcanhar. Era alto e elegante e, além de tudo, parecia ser um dos mentores intelectuais da "democracia corintiana". O primeiro Sócrates que conheci era doutor. O segundo era parteiro.

Sim, havia outro Sócrates ao qual o nome de um dos meus heróis da Copa de 82 fazia referência. Mas eu não tinha muita ideia sobre o que fazia esse "segundo Sócrates".

Anos depois, descobri que o outro Sócrates era filósofo. Se o doutor da Copa de 82 era mestre nas jogadas com os pés e no gol de calcanhar, o Sócrates grego era mestre em fazer surgir ideias, como as crianças que sua mãe, parteira de profissão, ajudava a vir ao mundo.

Sócrates se tornou uma espécie de "santo da filosofia" através da descrição que Platão fez de sua condenação e de sua execução. Nesse sentido, comparações entre Sócrates e Cristo são inevitáveis.

Os dois são personagens trágicos. Ou seja, tanto os evangelhos canônicos quanto os diálogos de Platão que falam sobre a morte de Sócrates utilizam a estrutura das tragédias gregas. A morte de alguém muito superior a todos nós. A via-crúcis de Jesus, assim como os momentos finais de Sócrates na prisão, à espera da cicuta que o matará, tem grandes semelhanças com a forma básica da tragédia descrita por Aristóteles e causa o mesmo impacto psicológico.

O *happy end* da ressurreição e o discurso presente no *Fédon* (diálogo que descreve os momentos finais de Sócrates) aliviam um pouco o peso trágico dessas duas histórias. Sócrates morre sereno. Ele demonstra que todo seu esforço filosófico foi o de se preparar para a morte e de construir um trabalho espiritual e mental que o deixasse firme, pleno e tranquilo diante do derradeiro instante. Sua superação da fragilidade dessa vida se encontra na investigação sobre a própria vida.

Ora, parece muito razoável. Sócrates pensou sobre o homem. Ele inverteu o curso da pergunta dos primeiros filósofos. Se antes a grande questão da filosofia era "O que é isso que constitui a natureza?", depois de Sócrates a pergunta passou a ser "O que é isso que constitui o homem?".

Sócrates inventa a ética porque propõe uma investigação sistemática acerca da Justiça, do Bem, da Linguagem, da Virtude. Antes de saber como a natureza funciona, o homem deve pensar sobre o que realmente é importante nessa vida. Antes de mergulhar nos limites do universo, afundar nas partículas subatômicas, atravessar os planos multidimensionais ou retroceder no tempo em busca do Big Bang perdido, o homem deve saber dos seus próprios limites. "Conhece a ti mesmo." A frase que está na parede da cozinha da casa do oráculo, no primeiro filme da trilogia cinematográfica *Matrix*, também era a frase que estava grafada na porta do oráculo da ilha de Delfos. Templo do deus Apolo, centro de peregrinação religiosa do povo grego.

A percepção dessa frase induz Sócrates a uma intuição básica. O papel da filosofia é preparar o homem para a morte, e para que o homem possa se preparar bem para a morte é necessário que ele conheça a si mesmo, que reconheça seus limites, sua própria ignorância e que pratique um tipo particular de esporte: a maiêutica.

Essa é a arte de conseguir, por meio de perguntas e respostas, fazer surgir a verdade que habita cada um, mas que, por arrogância e presunção, não conseguimos escutar. Calamo-nos para essa voz interior. Fechamos os olhos para não enxergar nossa própria condição. Esquecemos nosso ser, trancamos a janela para a luz de nossa casa não iluminar a rua. Mergulhamos na banalidade do mundo e nos surpreendemos quando a morte chega e diz: "Cartão vermelho! Fim de jogo pra você!"

A virada ética de Sócrates começa quando surge a ideia de que não importa quão grande forem os mistérios do mundo, mais importante é encarar os mistérios de nossa curta e limitada existência.

15

Um cara chamado Arístocles

No meu entender, as três maiores invenções da humanidade são: a tecnologia de produção do fogo; o corretor automático do Microsoft Word e a rede de dormir (obviamente não nessa ordem porque, afinal, todo mundo sabe que a maior invenção da humanidade é mesmo a rede e só depois, com muita distância, é que aparece o corretor automático do Microsoft Word).

Depois de tantos e tantos milênios, a humanidade precisa fazer um apanhado de seus feitos e de suas contribuições; afinal, ela nunca esteve tão perto de um colapso como na atualidade e as listas das maiores invenções podem abarcar áreas diversas, como música, monumentos arquitetônicos e conjunto de obras literárias.

Com certeza, se alguém resolver fazer um apanhado dos mais importantes conjuntos de textos legados pela civilização, um sujeito que não pode faltar é um cara chamado Arístocles, filho de Ariston e de dona Perictione. Mais conhecido como Arístocles de Atenas.

Ao lado da Bíblia e dos textos de Shakespeare, com certeza haverá de figurar nessa lista a obra completa do nosso amigo Arístocles. Agora convenhamos, os "aristocleses" que me perdoem, mas esse não é um nome muito comercial. Seria difícil para qualquer agente literário viabilizar um espaço na mídia especializada para um escritor chamado Arístocles de Ariston; ou Arístocles da Silva. Talvez por isso o filho de seu Ariston e de dona Perictione seja mais conhecido pelo apelido.

Nascido provavelmente em 427 a.C., Arístocles ganhou o apelido de "Platão" devido a algum traço físico característico. Em grego, o termo deriva de um adjetivo que indicava algo plano, chato. É provável que o apelido tenha sido dado ao Arístocles por causa ou do formato da sua cabeça (que não é atributo exclusivo dos descendentes dos índios Tarariú no sertão do Nordeste) ou do seu corpo que, segundo alguns, era um pouco achatado.

Platão descendia de uma família de aristocratas de Atenas e foi um dos mais importantes filósofos de todos os tempos. Depois de conhecer Sócrates, abandonou seu intento de se tornar autor de peças de teatro e acabou enveredando pelo ramo da filosofia. Essa experiência inicial como escritor de tragédias acabou influenciando o estilo de texto de Platão, que escrevia em forma de diálogos filosóficos.

Sócrates, o seu velho mestre, era um personagem constante desses diálogos, que misturavam pensamento e ação, e que chegaram a ser encenados na Idade Média nos monastérios cristãos. Recheados de sutilezas de argumentação e de ironia, esses textos traziam também alegorias, histórias, narrativas, mitos que ajudavam a fixar os conceitos de seu autor. Esse aspecto didático dos textos pode ter contribuído para a grande fama do filósofo de Atenas, que até hoje é, disparado, o mais lido no Ocidente. Personagem tão indispensável para um curso de filosofia como Marx é para um de ciência política, Freud para um de psicologia e Machado de Assis para um de literatura brasileira.

Mas a influência de Platão não se cristalizou apenas pela didática de seus textos. O filósofo alemão Friedrich Nietzsche chamou o cristianismo de "platonismo para o povo". Muitos dos dogmas fundamentais do catolicismo foram introjetados na religião cristã através dos seguidores de Platão (entre eles Agostinho, um dos mais importantes bispos do catolicismo).

A ideia de Trindade, que após o concílio de Nicéa foi incorporado como dogma pelos católicos, tem a mão de Platão. A ideia de uma separação entre corpo e alma, extraído de uma antiga religião dos mistérios, chamada de "orfismo", foi trazida para dentro da doutrina católica pelos continuadores de Platão. A imagem do arquiteto do universo, com régua e compasso traçando linhas no vazio para construir o mundo, presente na simbologia maçônica, também tem seu débito com os textos de Platão.

Não que ele tivesse inventado isso; muito das suas ideias derivam de teses de outros pensadores como Parmênides ou Heráclito, ou dos pitagóricos (lembra? Do Teorema de Pitágoras e daquela reprovação na quinta série?) que, supostamente, teriam retirado boa parte desse conhecimento dos antigos egípcios.

O fato é que Platão deixou sua marca em toda a história do pensamento ocidental e não é exagero se afirmamos que metade de tudo o que veio depois dele, até o final do século XVIII, nada mais é do que comentários de pé de página da sua obra. Mas, existem "platões" para todos os gostos.

Tem Platão-político; Platão-matemático; Platão-místico; Platão-poeta; muitas faces para um mesmo pensador, cuja vida corresponde ao apogeu da cultura da Atenas clássica e cujo legado nem seu Ariston nem dona Perictione imaginaram um dia que poderia ser tão amplo. E é justamente um pouco sobre esse legado que vamos falar nas próximas crônicas.

16

O que é uma vaca?

Um dia, um professor de metafísica colocou uma cadeira em cima da mesa na sala de aula e disse aos alunos:

– Atenção, pessoal. Avaliação surpresa! Valendo dez pontos. Anotem aí: Escreva uma redação que contenha argumentos que provem a não existência dessa cadeira.

Os alunos começaram a suar e a escrever tudo o que podiam, buscando ideias, argumentos, informações retiradas do livro didático da Marilena Chauí. Tentavam encher o texto com informações anotadas nos cadernos, na carteira ou na tradicional cola feita com papel higiênico. Tudo isso com o objetivo de convencer o professor de que aquela cadeira, justamente aquela cadeira que estava diante deles, a despeito do que os seus sentidos indicavam, não existia.

Quando o resultado chegou, foi um clamor geral, uma aflição desmedida, um profundo ranger de dentes e um coro total de ameaças de levar aquele professor louco para a coordenação, para a cadeia, para o hospício. Isso porque diante do vendaval de notas baixas, apenas o Joãozinho (sim, aquele das piadas de sacanagem) havia tirado dez.

"Professor! Como o Joãozinho tirou dez?!? O que ele escreveu?!?", gritavam as meninas que sentavam na primeira fila. Joãozinho havia escrito uma única e simples pergunta: "Que cadeira?"

Cadeiras são grandes protagonistas das aulas de filosofia. Na faculdade, todo professor que queria dar um exemplo sobre a existência ou não de alguma coisa em uma aula de metafísica apela para as cadeiras. Vez ou outra algum olhava pela janela e apontava para uma árvore ou para uma planta, mas as cadeiras sempre tiveram sua posição de destaque.

Outros exemplos, talvez mais arquetípicos do que as cadeiras, são as vacas. Depois das cadeiras, as vacas são as que mais aparecem no rol de exemplos de professores de filosofia.

Se você quiser entender a base do pensamento de Platão pode também usar essa ferramenta zootécnica e fazer a seguinte pergunta: "O que é uma vaca?" Esse é um tipo de pergunta tão fundamental para a filosofia quanto para as ciências bovinas (obviamente em sentidos diferentes).

Saber o que uma coisa é, para a filosofia, não é simplesmente apontar para aquela coisa ou dar exemplos. Não basta mostrar as vacas no campo para saber o que elas são. Os filósofos querem encontrar definições. Essa busca por definições ganhou fôlego no mundo antigo com Platão e foi a base daquilo que Heidegger chamou de desvio metafísico.

Para o pensador alemão (lembra dele?), a filosofia começou a perder o fio da meada de seu projeto quando abandonou a reflexão dos primeiros pensadores, que buscavam entender a natureza e passou a seguir a ideia de Platão de procurar definições. Se Platão fosse responder à pergunta "O que é uma vaca?" ele buscaria a "essência" da vaca, ou seja, aquilo que faz com que uma vaca seja uma vaca e não um cavalo com chifres ou um touro sem testículos.

Para Platão, as coisas que nos circundam são cópias de modelos originais que se situam no mundo das ideias. O mundo que nossos sentidos nos mostra não é um mundo confiável. Na verdade, esse seria um mundo ilusório e a vaca que eu vejo pastando é apenas uma cópia imprecisa que chega à minha mente através de meus sentidos.

Então haveria um modelo perfeito de vaca nesse mundo das ideias e cada vaca individual que nós vemos na terra – vacas brancas, pretas, malhadas, amarelas, violetas com bolinhas roxas, com listras púrpuras, antenas e bolinhas na ponta do rabo – cada espécie individual de vaca que existe nesse mundo sem porteira é uma cópia desse modelo original.

Esse modelo perfeito traria todas as principais características da coisa que ele representa. Na verdade, Platão teria criado dois distúrbios: (a) a ideia de que qualquer coisa pode ser encaixada em uma definição, empacotada num modelo mental, num esquema teórico; (b) a ideia de que existem dois mundos.

No primeiro caso, o pensamento de Platão e sua busca pelas definições de todas as coisas acabariam criando uma supervalorização da razão. A ideia de que a razão poderia dar conta de tudo. No segundo caso, Platão daria fôlego para aqueles que acreditam que a perfeição não é um elemento deste mundo.

É a ideia de que aquilo que nossos sentidos captam, aquilo que é do aspecto corporal não é confiável. Só a razão e os modelos matemáticos que compõe a forma das coisas seriam confiáveis, mas aquilo que nossa boca come, que nosso nariz cheira, que nossos olhos veem e nossos ouvidos escutam, aquilo que a ponta de nossos dedos toca, não merece confiança. São elementos ilusórios e perigosos porque o homem que se apega a esse mundo acaba sendo engolido por suas sombras.

Platão pensou a ideia central do filme *Matrix* antes de Hilary Putnam criar a experiência de pensamento que deu origem à trilogia de Hollywood. A noção de que, por trás de nossos sentidos, há um arcabouço matemático oculto, que dá forma ao mundo visto por nós. Como um programa de computador que cria, por meio de uma codificação de 0 e 1, uma determinada realidade virtual.

Resumindo, Joãozinho tirou dez na prova de metafísica porque duvidou do que viu. Afinal, o invisível é sempre mais legal e a verdade não está no que a gente vê, mas sim naquilo que a nossa mente pode compreender.

17

O rei filósofo

Nunca fui petista, mas já votei em Lula umas duas ou três vezes. Lembro que, às vésperas da eleição de 2002, uma aluna me abordou com um ar de surpresa e disse:

– Professor! O senhor, um homem tão inteligente, vai votar num analfabeto! – Naquele momento o meu produtor automático de respostas rápidas funcionou. Ele é ótimo quando alguém diz alguma coisa revoltante ou que nós consideramos descabida e que exige uma resposta rápida.

– Minha filha – eu disse –, depois de oito anos de governo de Fernando Henrique Cardoso, desconfio de qualquer um que tenha terminado a quarta série.

FHC foi o governante brasileiro que mais se aproximou daquilo que Platão chamava de "rei filósofo" (sem levar em consideração, é claro, Dom Pedro II). Formado nas melhores universidades e dono de uma respeitada obra intelectual, FHC elegeu-se duas vezes presidente da República, impulsionado pelo Plano Real, pela própria habilidade política, pelo espectro de sua própria capacidade intelectual e pela ideia de que os mais capacitados intelectualmente devem governar. Essa é uma crença que tem seu fundamento na obra de Platão.

Toda a meritocracia de concursos públicos, com exigências de provas e títulos, pode encontrar sua origem num dos mais famosos diálogos platônicos: *A República*. Na verdade, esse é um nome que aparece apenas na tradução latina (*Res – Publica*) e que serviu para a denominação da forma de governo adotada em países como a França, o Brasil ou os Estados Unidos. Mas o título do diálogo em grego é *Orthé Politheia* – algo do tipo "Do governo justo", "Do estado de direito".

Considerada como a primeira utopia da história ocidental, *A República* trata da construção de uma cidade ideal, de um mundo planejado, de uma sociedade pensada. Ela inaugura uma tradição continuada por Morus, Agostino, Francis Bacon, Skinner e Marx. Cada um desses pensadores tentou produzir a sua utopia particular, sua leitura de um mundo ideal, de um projeto de sociedade, de um lugar a se chegar. Todas são leituras que tomam como base o diálogo de Platão, que tem, de um modo ou de outro, esse texto como inspiração e ponto de partida.

No mundo de Platão, cada coisa está no seu devido lugar e cada cidadão ocupa uma função específica. A sociedade não se articula como um bando, de modo espontâneo, mas sim através de uma divisão em classes, a partir das características e das habilidades de cada um. Cada classe apresenta uma disposição específica que serve para o bom funcionamento do sistema. Alguns homens produziriam a riqueza da cidade (comerciantes, artesãos, camponeses), outros a defenderiam (atletas, militares) e mais alguns poucos a governariam (os filósofos).

Na cidade perfeita de Platão, não existiria aristocracia e cada cidadão teria a posição que merece por suas próprias habilidades e esforços. Por isso a República pensada por Platão rompia com o padrão da antiguidade. A base de organização dos cargos e das funções em uma cidade antiga, de modo geral, tinha a ver com sua casta, com seu status de nascimento. Os cargos eram herdados. Se você era filho de um senador seria também um senador; se era filho de um juiz, herdaria o cargo do seu pai; do mesmo modo, se você fosse filho de um entregador de pizzas, seu destino seria entregar pizzas o resto da vida (qualquer semelhança com um país do hemisfério sul do globo terrestre não é mera coincidência).

A cidade de Platão seria governada por um grupo de reis filósofos. Técnicos, administradores natos, homens racionais que controlariam suas paixões, seus desejos e suas vaidades; homens que não teriam posses (proibidos de ter qualquer propriedade privada e de deixar herança, para evitar a tentação da corrupção) e cuja maior virtude seria o apego ao serviço público. Para isso, seria preciso uma revolução que se daria a partir de uma mudança radical na educação. Uma transformação na base da sociedade, que começaria com a obrigatoriedade de se levar as crianças a partir de sete anos para locais nas quais seriam educadas por professores.

Sim, aí está a invenção da escola ocidental. Platão se dedica atentamente a discutir como seria essa "escola", quais as disciplinas, como seria organizado o currículo, quais as metas e, fundamentalmente, que tipo de ser humano essa cidade deveria gerar.

O problema é que nem sempre as ideias funcionam no mundo da prática social e é muito difícil, no mundo irregular da política real, encontrar algum instrumento seguro e eficaz de se implantar utopias. Platão tentou pôr em prática seu projeto quando foi chamado para educar o filho do rei de Siracusa, cidade grega na Sicília. Acabou preso e vendido como escravo (de acordo com as mais atuais fofocas filosóficas). Depois disso, abandonou os projetos políticos e terminou a vida escrevendo sobre a estrutura matemática do cosmos e sobre o reino perdido de Atlântida. Temas que pouco tinham a ver com a política real.

Por isso, eu e Platão partilhamos de tipos diferentes de desânimo. Ele, um desânimo com a política real (depois que o filho do rei de Siracusa começou a matar as aulas de metafísica para ir assistir às corridas de cavalos, tomar vinho e curtir belas mulheres numa versão clássica do trinômio *agroboy*: cachaça, vaquejada e mulher). Eu, que acreditei em 1994 que o Brasil poderia ter seu rei filósofo, aprendi a desconfiar dos intelectuais, especialmente quando eles se candidatam a presidente.

18

O colecionador de borboletas

Antes de qualquer coisa, Platão era um matemático. Uma das suas influências mais marcantes foi o pitagorismo. Doutrina filosófica muito popular na Grécia Antiga, que admitia ser a realidade composta por números e formas geométricas. Como todo bom matemático, Platão era muito habilidoso com o raciocínio abstrato e com a imaginação. Por isso, a força de seu pensamento está na profundidade e na articulação lógica de seus diálogos. Platão foi muito bom em pensar aquilo que nós não conseguimos ver. O que está oculto por trás dos nossos sentidos e que só pode ser compreendido com o auxílio do nosso pensamento.

Por isso, o conhecimento para Platão estava além do horizonte. Distante do alcance do olho, num mundo oculto à nossa observação cotidiana. Se você quiser entender isso basta alugar o primeiro filme da trilogia *Matrix* dos irmãos Wachowski (pô, já citei esse filme umas três vezes) e prestar bem atenção na cena em que Neo (vivido por Keanu Reeves) se ilumina, tornando-se um híbrido de Buda digital com Super-Homem lutador de Jet Kune Do.

Ele percebe o código do programa de computador que faz a realidade virtual onde aquele grupo de humanos está preso. Por trás dos prédios, das árvores, das roupas das pessoas, dos bancos de praça, dos sanduíches envenenados, dos *fast-foods*, dos pássaros cantando no teto dos shoppings; retirando a película na qual os personagens de *Matrix* estão confinados, existe um código de 0 e 1 que compõe o programa de computador que monta aquela realidade. Neo (no filme) se ilumina quando consegue "enxergar" esse código.

Foi justamente essa doutrina que o velho sábio de Atenas, Platão, ensinava para seus alunos na Academia. Não, não era um centro de *fitness*. Na Academia de Platão (esse era o nome da sua escola) quem malhava era o cérebro.

Depois da decepção com o mundo da política (lembra da crônica passada?) e da tentativa frustrada de educar o futuro rei de Siracusa seguindo o modelo pensado na República, Platão acabou se isolando em sua escola e dedicando o resto de sua vida a formar seus discípulos.

Quis o destino que o seu mais brilhante aluno fosse justamente aquele que construiria uma doutrina própria, que por mais de 2 mil anos rivalizou com o pensamento do mestre.

Aristóteles não era grego, era macedônio. Vinha de uma região montanhosa do Norte, uma área rural, de pastores e plantadores de oliveira que era considerada por muitos em Atenas como uma terra de agricultores bárbaros e ignorantes. Ninguém imaginaria, naquele tempo, nas ruas da cosmopolita e esnobe Atenas, que a maior mente da antiguidade surgiria de uma família da Macedônia.

É como se o primeiro brasileiro a ganhar o prêmio Nobel de Física, para a ansiedade dos nordestinófobos do Sudeste, nascesse em Patu (alto oeste potiguar) e resolvesse se candidatar a reitor na Universidade de São Paulo (USP). Pois então, Aristóteles representou, para o universo grego, o efeito surpresa.

Filho do médico particular de Felipe II (pai de Alexandre, o Grande), conta a lenda que Aristóteles estava estudando para seguir os passos do pai, até que, aos 18 anos, leu uma cópia de um dos diálogos de Platão e resolveu viajar até Atenas para se matricular na escola do mestre e se tornar filósofo.

Como todo bom filho de médico, Aristóteles teve, desde cedo, que se educar na arte da observação. Perceber o mundo, observar, analisar os detalhes, catalogar, memorizar e classificar são elementos fundamentais no desenvolvimento do raciocínio de um médico. Mais do que informação literária sobre doenças e um catálogo de nomes de músculos e ossos, um bom médico na antiguidade tinha que desenvolver uma sensibilidade apurada para observar o mundo que o rodeava. Tinha que amar observar os detalhes que a natureza lhe apresentava e ser um exímio colecionador de borboletas e um bom manipulador de raízes e folhas.

Ao contrário de Platão, afeito a viagens abstratas pelo mundo das ideias, Aristóteles se mostrou um pensador bem mais "pé no chão". Sua obra intelectual é uma das mais vastas do mundo antigo e ele, que fundou sua própria escola (o Liceu), acabou considerado por muitos o pai da ciência ocidental. Se existe nesse mundo de meu Deus, nessa vida sem porteira, nessa pista de pouso e decolagem que é o planeta Terra alguém que se adequou ao apelido antigo de Sábio, esse cara é o Aristóteles.

Escreveu sobre política, biologia, física, geologia, direito, poesia, retórica, lógica, psicologia, metafísica. Quando Alexandre, o Grande, viajou para o oriente com seus generais levou também muitos alunos de Aristóteles, os primeiros grandes pesquisadores de campo da história ocidental.

Gente que colecionava coisas e mandava para o mestre no Liceu. Espécies de animais e plantas, pedras, textos jurídicos, poemas, descrições detalhadas da geografia e do clima, dos hábitos e das culturas que Alexandre abria para os gregos. Foram esses abnegados pesquisadores que produziram a primeira grande "Enciclopédia" da história ocidental.

A partir desses dados Aristóteles, nosso colecionador de borboletas, firmou as bases para quase todas as ciências que conhecemos hoje, da biologia à ciência política; quase tudo que você aprende no Ensino Médio pode ser considerado como herança do esforço inaugural do filósofo macedônio em sair do mundo abstrato das ideias matemáticas e pensar o campo das coisas.

Se Platão busca, com a mente, entender o que não se pode ver, Aristóteles busca, no visível, as chaves para se compreender, colecionar e classificar todos os pequenos pedaços, todas as partes do imenso mundo em que vivemos.

19

O homem é bom?

Um das histórias em quadrinhos que mais me marcou foi *O homem é bom?* do mestre francês Jean Giraud, mas conhecido como Moebius. O quadrinho começa com um astronauta chegando a um outro planeta. A paisagem é árida, desolada, cortada por rochas pontiagudas. Repentinamente, o astronauta começa a ser perseguido por um grupo de alienígenas monstruosos. Sem uma palavra, Moebius conseguiu passar tensão e prender o leitor à narrativa do primeiro ao último quadro. Depois de uma perseguição intensa, o astronauta se via preso, cercado por todos os lados por aquela turba de alienígenas selvagens. Em um momento, todos param. O astronauta se desmancha em suor, treme, espera o pior. Então, um dos alienígenas se afasta da multidão, se aproxima do humano e...

Moebius é sinistro. Imagine tudo isso sem um balãozinho para explicar o que acontece. Acho que essa história está para o universo dos quadrinhos como *O gabinete do doutor Caligari*, de Robert Wiene, está para o cinema de horror. Sim, mas onde eu estava mesmo? O alienígena se afasta da multidão, se aproxima do humano e... morde sua orelha! Morde, não. Arranca a metade da orelha do astronauta. Arranca, mastiga, faz uma careta hedionda e cospe violentamente no chão.

Depois vira-se para a multidão que aguardava ansiosa e diz algo incompreensível em sua língua alienígena. Todos balançam a cabeça e se retiram melancolicamente. O astronauta fica lá, com a orelha mutilada, sangrando, sem compreender o que havia acontecido.

Para Moebius, o homem não é bom, nem assado nem cozido, seu gosto não deve agradar ao paladar alienígena.

O homem é bom? A sociedade o corrompe? É o meio que estimula no homem seus impulsos destrutivos ou isso é inerente à sua natureza de homem? Essas são questões profundas que a antropologia filosófica se debruçou desde o tempo de Aristóteles e que continuam até os dias de hoje perturbando a consciência de muitos cientistas, agentes políticos, artistas, educadores e religiosos.

Para Aristóteles, o homem é um ser sociável. O que significa isso? O homem só se faz homem quando está em grupo. Ele é um animal gregário, um animal que vive em função de uma construção coletiva ou social que lhe dá suporte e o realiza. Para que o homem seja fiel à sua própria natureza de homem ele deveria praticar certas ações, virtudes, que o levariam a desenvolver um senso de justiça.

Para ser feliz, tanto eu quanto você ou nosso vizinho precisamos realizar a nossa natureza. Cada coisa nesse mundo imenso só se completa quando cumpre o seu papel, sua finalidade ou quando se encontra de acordo com a sua própria natureza. O homem, eu, você e o nosso vizinho nos completamos quando agimos virtuosamente, porque apenas mediante uma ação virtuosa atingimos o equilíbrio e a serenidade necessários para a construção de uma sociabilidade qualquer.

Ser feliz, para Aristóteles, é agir de acordo com a natureza humana, que nos ensina a não tomar nem mais nem menos dos bens sociais. Um homem justo não toma para si mais do que merece nem se deixa ficar com menos do que lhe cabe. Saber esse ponto justo, essa medida correta nas relações com os outros, produziria um incremento na sociabilidade.

Quando alguém rouba, mata, recebe propina ou liga o som do carro a uma altura indecente (para ouvir música de qualidade duvidosa, ainda por cima) está tomando para si mais do que lhe cabe dos bens sociais. Está sendo mais rico, mais livre, tendo mais vida e poder do que merece. Isso implica, por outro lado, que alguém vai se tornar menos rico, menos livre, com menos vida e mais frágil do que merece. Todo excesso de alguém implica uma falta de um outro. Se eu ganho, mais alguém fica com menos. Esse é o resultado de uma sociedade corrompida. Ninguém tem o que merece.

Aristóteles não foi o primeiro a pensar isso. Seu professor Platão já havia levantado o problema anos antes, mas ninguém até aquele momento, a não ser Aristóteles, conseguira formular de modo tão exato todos esses conceitos. No livro que ele dedicou a seu filho, Nicômaco (Isso é belo. Deixar como herança para o filho um livro intitulado *Ética*. Nada de grandes propriedades. A grande herança que o filósofo deixou para seus filhos foram livros sobre a forma de bem viver.), Aristóteles mostra que nós apenas somos humanos quando somos justos e que perdemos nossa humanidade quando não conseguimos saber a medida justa de nossas ações.

A abstenção completa de álcool é tão equivocada quanto a embriagez contumaz. A felicidade está em saber o justo meio-termo para cada situação. O justo meio-termo entre um excesso e uma falta.

Aristóteles provavelmente jamais comeu carne humana como os alienígenas de Moebius. Mas teria uma visão mais otimista do homem. A natureza humana tende para a sociabilidade; e a sociabilidade exige um grau de equilíbrio que produz justiça. Cada coisa no seu lugar, cada um com sua função. Algo muito fácil para um filósofo da Atenas clássica compreender, mas extremamente complexo para muitos homens de poder e domínio nesse Brasil debaixo do Equador tão sem pecado, como um dia anunciou Chico Buarque.

20
Um livro sem nome

Naquele dia, eu andava desligado e quase nem me toquei, dentro do elevador, quando uma moça perguntou se eu era professor.

– Sou sim, como é que você percebeu?

Ela apontou para os livros e para as cadernetas e pastas, material de trabalho de qualquer proletário da educação que se preze. Ela disse que também era professora, da área de administração, com pós-graduação em Gestão(?), ou alguma coisa do tipo (não lembro bem).

– E você, tem pós-graduação em qual área?

Olhei para o meu andar, que já estava próximo, e respondi:

– Sou mestre em metafísica.

A moça arregalou os olhos com aquele insondável ar de "Que porra é essa!?!" e disse:

– Ah... legal. E como é que está o mercado para a metafísica?

Nunca me ressenti de ser especialista numa ciência morta (se é que realmente é uma ciência). É tão raro achar mestres em metafísica no mercado como professores de copta ou aramaico em cursinhos de idiomas. Talvez por isso muito pouca gente saiba realmente o que significa "metafísica" e como esse nome foi parar naquele dia dentro daquele elevador.

Na verdade, a história desse nome começa por causa de Aristóteles. Talvez não haja, na história da filosofia ocidental, um sujeito que tenha escrito tanto sobre um tão grande número de coisas; por isso, alguns estudiosos acreditam que Aristóteles é uma grife. Uma marca que pode estar por trás de vários autores que orbitavam ao redor do Liceu, a escola fundada pelo mestre macedônio.

Quando Aristóteles morreu, reza a lenda que teria deixado todos os seus escritos para um de seus discípulos mais brilhantes, Teofrasto. Quando este morreu, 25 anos depois do mestre Aristóteles, teria deixado sua biblioteca pessoal, incluindo aí os manuscritos do filósofo, para Neleu, seu sobrinho de Scepsis, uma cidade grega na costa da Turquia.

Dizem que Neleu teria escondido os textos de Aristóteles dentro de um barril, numa adega, com medo de vê-los confiscados pelos generais que dividiram entre si o império de Alexandre, O Grande (que foi pupilo do próprio Aristóteles). Esses escritos teriam passado dois séculos guardados dentro dessa adega, cercado pelo mais puro vinho greco-turco, até que teriam sido descobertos por acaso e levados para Atenas, já sob o domínio do Império Romano.

Esses manuscritos teriam sido entregues a Andrônico de Rodes, que teria "editado" os textos – compilado, posto em ordem e copiado para a sua disseminação pelo mundo mediterrâneo. Muita gente acredita que é provável que, nessa editoração, alguma coisa que não tivesse saído da mão do próprio Aristóteles tenha entrado no bolo. No meio das obras, havia alguns estranhos manuscritos sem nome, contendo apenas letras do alfabeto grego (alfa, beta, gama e por aí vai).

Andrônico ficou sem saber o que fazer com aqueles manuscritos ou como classificá-los. Eles não pareciam pertencer a nenhuma das outras áreas do conhecimento. Não se encaixavam na parte que falava sobre literatura nem na de lógica; não eram sobre zoologia, nem sobre a ética ou sobre política (áreas da filosofia prática). Andrônico deixou esses manuscritos para o final e juntou-os todos num único livro sem nome. Na hora de organizar a coleção do velho mestre, deixou que esse livro sem nome ficasse logo depois do livro da *Física*, que falava sobre aquilo que a gente estuda no Ensino Médio nas aulas da disciplina homônima, mas sem aquelas fórmulas matemáticas hediondas.

Pois essa era a verdade cruel. Eu me pós-graduei numa disciplina que está contida num livro sem nome, escrito por um antigo sábio macedônio que morreu em 322 a.C. e teve seus escritos guardados num barril numa adega de vinho por dois séculos.

Quantas pessoas você conhece com esse currículo? Na verdade, o tal livro sem nome acabou sendo batizado de *Ta meta ta physica* (algo como "O que está depois da física"). Metafísica é uma palavra que deriva de uma frase que significa "Depois da física".

Muita gente achou que isso indicava que os mestres em metafísica eram médiuns ou xamãs com poderes sobre o mundo dos espíritos e das criaturas do outro lado.

Nada mais falso. Um mestre em metafísica é apenas o herdeiro de uma antiga tradição ocidental. O depositário da história de uma experiência intelectual que começou na Grécia Antiga e atravessou milênios oferecendo ao Ocidente a possibilidade de visualizar a totalidade. A metafísica é, no dizer do próprio Aristóteles, "a ciência dos primeiros princípios e das primeiras causas de todas as coisas". Ela busca a origem, o fundamento, a base de tudo que nos rodeia; por isso, a metafísica é a mãe da teologia e das ciências modernas.

Ela lançou as primeiras grandes questões sobre tudo que existe e tentou fornecer a primeira grande visão interdisciplinar, global, sistemática e totalizante da realidade. A metafísica atravessou milênios contaminando religiões, formando polêmicas, produzindo escolas e servindo de base ao currículo das primeiras universidades, mas acabou perdendo espaço para sua filha mais nova (que ela teve junto com a matemática), a física moderna.

A moça naquele elevador, especializada em Gestão(?), me perguntou como estava o mercado para a metafísica. Eu poderia ter falado tudo que disse nessa crônica, mas não num elevador – os andares nunca são suficientes para entabular uma conversa mais aprofundada. Então respondi com toda sinceridade:

– Ah, está como sempre esteve: transcendental.

21
A arte de cultivar jardins

Numa madrugada dessas, acordei sobressaltado: "Meu celular! Meu celular!"

Não sei se você já passou por isso, mas acredito que um dos distúrbios mais significativos de nossa era, junto com o diabetes, a pressão alta e a síndrome do pânico seja o medo de perder o próprio celular.

Ultimamente tenho percebido que as pessoas andam se apalpando, colocando a mão nos bolsos, girando o olhar em volta ou por cima das mesas, prestando atenção nos assentos do cinema quando se levantam no fim da sessão. Tudo isso é um sintoma da grande doença contemporânea: a ansiedade de perder o próprio celular. Mas o que há de tão importante num celular?

Ganhei meu primeiro aparelho em 1997. Era um "tijolão" preto com uma anteninha ridícula. Isso significa que vivi 23 dos meus 35 anos sem um aparelho celular. Vinte e três anos. Quase um quarto de século sem um celular e sabe o que é mais interessante?

Eu era feliz.

Sim, era feliz sem um celular. Aliás, durante 23 anos eu nunca tive a mínima necessidade de um celular. Podia sair de casa e ligar para a minha namorada, marcando um encontro com hora e local certo e me deliciar com a incerteza da espera. Vivia feliz sem rádio digital, sem acesso à internet, sem poder enviar mensagens, mandar fotos ou registrar algo com uma câmera portátil.

Minha vida era tão boa e serena sem nenhum apetrecho que hoje pode ser encontrado num celular quanto a vida de qualquer humano médio em uma grande cidade. Mas tudo mudou depois que eu ganhei meu primeiro aparelho.

Hoje, eu sou um dependente digital. Um viciado eletrônico. Um maníaco refém das operadoras de telefonia móvel. Hoje, eu acordo de madrugada com medo de ter deixado meu celular em cima da mesa, na sala de aula. Hoje, só Epicuro pode me salvar.

Nascido em Atenas no ano de 341 a.C., Epicuro partiu para Samos, na costa da Turquia, ainda criança, retornando à terra natal em 321 a.C. Muito provavelmente foi Epicuro o filósofo mais difamado da história ocidental.

Objeto de distorção por parte da Igreja cristã romana, seu pensamento se transformou numa espécie de febre hedonista, uma busca desenfreada pelos prazeres da carne e do corpo, a ponto de ter seu nome vinculado a uma famosa revista de futilidades da Inglaterra, *Epicurean Life* (especializada em publicar artigos sobre hotéis, iates e restaurantes). Mas Epicuro não se parecia nada com aquilo que dizem que ele foi.

Vivendo num período de decadência da cidade de Atenas, a geração de Epicuro amargou os dissabores da desagregação política e econômica da Grécia clássica. Sem expectativas reais de atuação política, Epicuro preferiu se retirar da vida pública e fundou sua própria escola filosófica, longe dos muros da cidade e do burburinho da praça do mercado.

"O Jardim" era uma espécie de "comunidade alternativa"; talvez a primeira comunidade hippie da história. Lá se buscava a liberdade econômica através do cultivo da terra, a amizade dos vínculos de afeto e do diálogo e a reflexão genuína sobre o que o homem deve cultivar para encontrar um estado de felicidade em sua vida. A busca pela tranquilidade da alma e pela saúde do corpo era o grande objetivo da escola de Epicuro. Mas, para se chegar a essa serenidade, era necessário enfrentar o desejo.

Filho da ausência, o desejo é um tipo de prazer diante daquilo que não se tem. Desejar é sofrer diante da ausência. Quando eu quero aquela moto, aquele apartamento com vista para o mar, ou aquela bolsa chique, ou aquela modelo gostosa da propaganda de cerveja, eu quero o que eu não tenho e isso me leva a um estado de ansiedade e intranquilidade que me tira do eixo.

Por isso é tão importante para o consumo num grande shopping que o desejo das pessoas seja ativado mediante um conjunto de mecanismos artificiais de produção de necessidades. Diante da ansiedade do desejo, seu comportamento se transforma e você usa mais, fala mais, olha mais, bebe mais, corre mais, come mais, gasta mais e pensa menos.

Sua vida se torna um ciclo sem fim de desejo, ansiedade e consumo, em busca da blusa perfeita, do computador mais moderno e do namorado ou namorada mais *fashion*. Diante desse estado de coisas você se prende a um mundo de necessidades forjadas e perde o sono à noite pensando que perdeu seu celular e que, por isso, sua vida não faz sentido.

Diante desse quadro patológico coletivo, Epicuro propõe um novo tipo de prazer, oposto ao desejo. O prazer na saciedade é o prazer na presença daquilo que se necessita e não naquilo que se deseja. Para Epicuro, feliz é o homem que busca os prazeres naturais e necessários à vida. Aquele que, ao invés de estar escravo das próprias compulsões e do consumo idiota, busca a satisfação naquilo que tem e não a ansiedade por aquilo que não possui.

O jardineiro Epicuro nos ensinou que a felicidade genuína só pode ser atingida quando a alma está serena, e sua serenidade só pode ser atingida quando aprendermos a não trocar nossas noites de sono por causa do medo de perder aquilo que temos ou pelo desejo de possuir aquilo que ainda não chegamos a ter. Afinal, "a quem não basta pouco, nada basta".

22

A medicina da alma

15 dias atrás, uma amiga me liga quase na hora do almoço:

– Pablo, você tem notícias do Correia?

Eu estava dentro do carro, virando a chave na ignição.

– Não. Encontrei com ele acho que mês passado. O que foi? Algum problema?

Eu já sentia.

Sim, a gente sente que é notícia ruim quando alguém te liga desse jeito.

– Pois é – disse minha amiga. – Ele suicidou-se hoje de madrugada.

Não sei quanto tempo passei com o carro ligado, parado, zunindo aquele barulho clássico de motor 1.0, enquanto o ar-condicionado suava para tentar combater o bafo tórrido que vinha do asfalto do centro da cidade, ao meio-dia.

Em minha mente só vinha uma pergunta fundamental, que todo o ser humano se faz diante de todo suicídio: "Por quê?"

No Mito de Sísifo, o escritor francês Albert Camus aponta: "Só há um problema filosófico verdadeiramente sério: o suicídio. Julgar se a vida merece ou não ser vivida é responder a uma questão fundamental da filosofia."

Estar vivo é experimentar um pequeno intervalo de tempo entre a infância e a velhice. Uma boa parte das pessoas passa esse curto intervalo de tempo sem saber "o porquê". Essas pessoas apenas existem como as pedras e as plantas. Fazem parte da paisagem. São ligadas à terra que as pariu com vínculos tão poderosos que não sentem toda a dimensão da própria vida, nem toda a fúria e a ansiedade que esse pequeno intervalo de tempo apresenta. Algumas pessoas fazem a pergunta fundamental: "Por quê?" O que significa: Apostar todo dia de manhã que a vida vale a pena?

Epicuro entendia que uma das funções fundamentais da filosofia era a cura da doença da alma. Do mesmo modo que a medicina (entendida na antiguidade como um conjunto de práticas que envolvia nutrição e exercícios físicos, e não apenas o consumo de remédios) curava o corpo, a filosofia contribuía para o desenvolvimento de um estado de pacificação do espírito.

A prática da filosofia e da medicina (sim, a medicina era uma prática e não um saber) levaria o sábio mais próximo de um estado de *ataraxia* e de *aponia*. Falta de perturbação na alma e falta de dor no corpo. Mas o intervalo de tempo entre a infância e a velhice que os humanos costumam chamar de "vida" é cheio de dor e sofrimento. Boa parte do tempo que você passa na terra tem a ver com a luta para evitar a dor que é inerente à nossa passagem nesse mundo.

Você trabalha para ganhar dinheiro e ganha dinheiro para não morrer de fome, frio ou de doença. Você se esforça para ficar bonito para não sofrer com a solidão e luta para manter o vigor físico depois de certa idade para não perder a autonomia. Essa é a nossa comédia. Viver em constante luta contra o tempo, jogando xadrez com a morte, na certeza de que cada jogada é apenas um adiamento do xeque-mate.

Epicuro buscou responder à questão: "Como é possível ser feliz em circunstâncias tão adversas?"

A primeira ideia é a de que a felicidade não é um estado de espírito, mas um momento decorrente de uma prática, de um conjunto de hábitos. Eu nunca poderei "ser" feliz. A felicidade não é um estado de "ser". Eu posso estar feliz quando eu estou sereno, e antes de qualquer coisa estar sereno é estar saudável.

Saúde não se reduz à falta de doença. Sintetiza-se numa prática mental que alivie meu espírito de suas ansiedades e pavores e em um conjunto de práticas corporais que diminua o efeito desagregador do tempo sobre minhas células, minhas articulações e meus ossos.

Estar feliz é estar envolto num momento que decorre de um longo esforço de superação dos próprios medos e de gerenciamento dos próprios prazeres. Para Epicuro, nossa perturbação mental derivaria de quatro fontes fundamentais: medo da morte, medo do castigo divino, medo da dor e do sofrimento e, finalmente, a dificuldade em gerenciar o próprio desejo.

Todas essas fontes da doença da alma criam instabilidade, fraturam o equilíbrio do espírito e podem levar, facilmente, qualquer homem a um estado de desespero. A ciência moderna nos deu inúmeras pílulas mágicas que podem alterar o funcionamento de nosso cérebro e produzir estados de serenidade química. Isso talvez seja útil em estados patológicos avançados da doença da alma que podem nos arrastar para o suicídio.

Mas não são suficientes. A resposta à pergunta fundamental de Camus não se encontra numa farmácia. Esta nos ajuda a recuperar a quantidade mínima de ausência de dor no corpo e de falta de perturbação na alma para que não sucumbamos ao desconforto de estarmos vivos e apressemos aquilo que sempre chega... Mas ela não basta porque não está embutido em nenhuma bula de remédio o conjunto de práticas e de atitudes mentais que me levam a recuperar minha serenidade e, com ela, minha saúde.

Epicuro nos ensinou, na antiguidade profunda de uma Grécia em decadência, um modo de educar a nossa mente para que as ideias que reforçam o pânico não nos destruam.

A morte de Correia deixou uma estranha sensação de tristeza e perplexidade. Especialmente porque ele era um sujeito muito querido e cheio de uma envolvente energia vital. Diante da questão fundamental de toda a filosofia, sua resposta não foi a que seus amigos, colegas de universidade e familiares desejavam. Mas não é possível julgar o que se passa no mais profundo da mente de ninguém.

Diante do suicídio do poeta russo Sierguéi Iessiénin, Maiakovski, outro suicida ilustre, ofereceu uma resposta epicurista para o dilema de Camus:

> Para o júbilo
> o planeta está imaturo
> é preciso arrancar alegria
>   ao futuro.
> Nesta vida
>   morrer não é difícil.
>   O difícil é a vida e seu ofício.
>
> (Tradução de Boris Schneiderman)

23

A senhora Fortuna

Sempre gosto de ter uma moeda de cinco centavos em minha carteira, mesmo quando a selvageria das contas de fim de mês exaure meu suado salário de professor.

Num mundo em que bolsas de valores sobem e descem, destroçando economias, devastando os nervos de investidores e o pouco de equilíbrio neurológico que resta aos operadores de pregões viva voz, o que poderia representar uma moeda de cinco centavos?

Para mim ela representa o insondável campo das probabilidades.

A ideia de que o homem foi lançado num intrincado joguete de probabilidades não foi criado pelas agências que medem a cotação dos riscos no sistema financeiro global. Na antiga Roma imperial já se tinha consciência de que tudo aquilo que a vida nos dá com uma das mãos pode nos retirar com a outra.

Curiosamente, essa ideia era representada na figura de uma deusa, cuja imagem era comumente encontrada em moedas. A Fortuna surgiu primeiro como uma divindade da fertilidade, primogênita de Júpiter, deusa do destino que carregava numa das mãos uma cornucópia (uma espécie de chifre mágico) e na outra mão, um leme. De dentro da cornucópia dava aos mortais bênçãos diversas: dinheiro, saúde, amor, fama e sucesso. Com o leme, mudava, subitamente, o destino dos mortais.

Pense num acidente de avião. Qualquer um de que você se lembre. Pense na quantidade de pessoas que tiveram bruscamente o destino de suas vidas modificado por esse desastre. Pense nas histórias sobre as pessoas que quase embarcaram naquele voo. Pessoas que, por um atraso de minutos ou por uma circunstância de pequenos desencontros, escaparam da morte.

Pensar sobre isso incomoda porque nos lança diante da evidência de nossa própria fragilidade. Somos muito pequenos diante das circunstâncias e o mundo, com seus ritmos e com seu amontoado de acasos, pode, num segundo, nos oferecer muito ou nos tirar tudo.

A consciência dessa instabilidade é o ponto de partida da filosofia estoica. Originária na Grécia e depois trazida para o centro do Império Romano por Cícero, o estoicismo acabou por se tornar uma das correntes mais influentes da filosofia romana. Ao contrário da filosofia de Sócrates (cria da praça do mercado), do pensamento de Platão ou Aristóteles (desenvolvidos dentro dos muros de suas escolas) ou da prática de Epicuro (cultivada numa fazenda nos arredores de Atenas), o estoicismo era exercido nos portões das cidades.

Zonas de transição das cidades antigas, os portões (*stoá* em grego) eram espaços de intercâmbio, nos quais estrangeiros e cidadãos comercializavam. O estoicismo cresceu, assim, entre os cidadãos de um império imenso, num mundo sem direitos ou garantias individuais, cercado de grande instabilidade e fragmentação.

Entre os grandes pensadores romanos desse período encontramos Lucio Aneu Sêneca. Nascido em 3 a.C., filho de uma abastada família espanhola, Sêneca se destacou no mundo político e flertou diretamente com o poder. Chegou a ser tutor de Nero e juntou uma grande fortuna, cobrando impostos dos moradores da Bretanha ocupada.

Escreveu inúmeras cartas que guardam o cerne de seu pensamento, tendo inclusive, segundo alguns, mantido correspondência com Paulo de Tarso. Mas nem o poder político, nem a riqueza, nem o prestígio intelectual, nem todas as glórias e prerrogativas do Império impediram Sêñeca de ter um fim de vida trágico. Vítima de intrigas palacianas, o filósofo acabou sucumbindo à loucura de Nero, seu antigo protegido e aluno, e foi condenado a escolher entre o suicídio e o empalamento. Diante dessas circunstâncias, acabou por seguir o exemplo de Sócrates e matou-se.

Essa é a nossa gangorra.

Um dia podemos estar bem, saudáveis, felizes; no outro, sermos vítimas do leme da Fortuna. Um dos temas recorrentes do estoicismo era justamente esse: "Como enfrentar a fragilidade do homem diante do destino?" Para os estoicos, nada nos guarda da possibilidade de um dia sermos vítimas de uma pequena catástrofe privada. Por isso, é preciso aprender a perceber até onde nossos esforços podem interferir na ordem das coisas.

O que diferencia o homem sábio do ignorante não é o volume de conhecimentos, mas a percepção da hora certa de abdicar da própria ação e aceitar o destino. Insistir em algo inútil é sinal de estupidez.

A revolta contra aquilo que não se pode mudar não é uma atitude inteligente. Se eu não domino a totalidade das variáveis que determinam a minha situação, não faz sentido me revoltar contra aquilo que não posso alterar. O grande ensinamento estoico é o de que ninguém deve ter confiança excessiva naquilo que a vida oferece, porque o mesmo conjunto de fatores que o abençoa também pode derrubá-lo. Os bens da vida são transitórios e a única coisa sobre a qual nós podemos ter algum controle é o nosso próprio caráter. A nossa própria atitude diante da instabilidade do mundo e das surpresas desagradáveis da vida.

A serenidade diante do que não se pode mudar é, na visão de Sêneca, nossa grande resposta para a Fortuna. Levantar-se contra ela, irar-se, entrar em desespero com suas idiossincrasias, perder o equilíbrio é completamente inútil. Por isso, gosto de carregar sempre uma moeda comigo; para nunca me esquecer que, nesse mundo, a probabilidade de se ganhar é a mesma de se perder e que nem a mais azulada tristeza nem a mais ensurdecedora alegria duram para sempre.

24

Uma carta para Márcia

"Nenhum animal chora por longo tempo a perda de seus filhos, a não ser o homem, que permanece ligado à sua dor e não se aflige tanto quanto ao que experimenta, mas ao que estabeleceu." Essas palavras foram escritas há aproximadamente vinte séculos, pelo filósofo romano Sêneca, e estão numa carta para uma mulher chamada Márcia.

A jovem senhora romana estava transtornada com a maior de todas as dores: a perda de um filho. Metílio era um jovem de futuro promissor no mundo político romano quando morreu aos 25 anos, no reinado de Calígula. Márcia mergulhou num luto profundo e Sêneca foi chamado para escrever a ela uma carta consolatória.

Numa época sem pílulas mágicas, sem templos eletrônicos nem qualquer tipo de técnica psicoterapêutica mais avançada, as cartas consolatórias funcionavam como remédios para almas atormentadas em momentos de dor e desespero. Sêneca foi um mestre na redação desse tipo de texto filosófico. Escreveu cartas sobre a brevidade da vida e sobre a tranquilidade da alma, sobre o luto e a ira; textos que se tornaram clássicos da filosofia da época do Império Romano e que retratam de maneira elegante e aprofundada um dos principais problemas que atormentavam os filósofos naquele período: Como enfrentar o problema da brevidade da vida?

Como encontrar a serenidade num mundo conturbado por uma intensa fragmentação e pela dissolução dos antigos valores familiares, das antigas crenças, da velha tradição religiosa que morria, na medida em que Roma crescia e se estendia para o Oriente?

As cartas consolatórias eram lidas e relidas insistentemente no leito daqueles que padeciam de uma melancolia profunda; na esperança de que a repetição sistemática dos argumentos ou que a força das palavras do filósofo pudesse abrir um horizonte no tecido de dor e prostração que a vida do enlutado havia se transformado.

Para Sêneca, a dor de Márcia deveria ser profunda, mas não deveria ser eterna. A busca das forças para superar o sofrimento causado pela experiência da morte de um filho deveria se basear no principal elemento da ética dos filósofos estoicos: "Não lutar contra o que não se pode mudar."

Aceitar o inevitável é o principal caminho para atingir alguma tranquilidade na alma e alguma serenidade mental num mundo tão instável e injusto como o nosso.

Márcia, pobre Márcia, havia padecido da mais mortal das dores para uma mãe e, ainda assim, se submetia a dois sentimentos inúteis e destrutivos: a culpa e a raiva. Esses sentimentos expandiam a sua dor e faziam com que aquilo que é naturalmente profundo parecesse que também deveria ser eterno. Sêneca avisa que não vai ter piedade com a dor de Márcia e que combaterá essa dor com todas as forças, para que a mãe aprenda a conviver com o fato sem volta de que seu filho está morto.

Parece crueldade, mas alimentar o luto de alguém não é algo honesto a ser feito. O silêncio respeitoso e a tolerância diante de uma dor que se recusa em desaparecer não é uma atitude honesta. Vivemos num sistema social que isolou a morte, assim como isolou a loucura e a punição penal. Nosso modelo de vida burguês transformou a morte, de um assunto privado e familiar, num tópico hospitalar, tratado em UTIs frias e assépticas. Minha avó, dona Aline de Farias Capistrano, por exemplo, que nasceu no Cariri Paraibano em 1921, teve 18 filhos (não se assuste, antigamente a turma não perdia tempo assistindo novela das oito). Desses 18 filhos, nove morreram antes de completar sete anos. Meu pai costuma dizer que a imagem que ele mais lembra de sua infância era a dos caixõezinhos de bebê na sala de estar da casa da família.

Calma, não pense que eu estou sendo fúnebre ou sinistro, mas é que a morte saiu de cena nas casas de classe média do mundo industrializado. O avanço técnico fez com que alguns poucos abastados pudessem ter acesso a um mundo no qual a mortandade infantil foi combatida com vacinas e a expectativa de vida ampliou-se. Mesmo assim, a morte ainda nos ronda e estamos hoje, mais do que nunca, fragilizados diante dela. Sêneca mostrou a Márcia que "a ninguém é dado nascer impunemente" e que "a morte não é um bem nem um mal. Pois só pode ser um bem ou um mal aquilo que é alguma coisa, porém aquilo que é o próprio nada e ao nada se reduz não interfere em nossa sorte".

Márcia não podia ter raiva do mundo, achando que a morte de seu filho era uma injustiça, porque a morte não é uma exceção, mas sim algo que acomete a todos. Também não deveria haver culpa, porque, por mais cuidadosa e diligente que seja uma mãe, ela não tem poder sobre a totalidade das circunstâncias da vida de seus filhos.

Poucas reflexões são tão atuais quanto aquelas que aparecem nas cartas de Sêneca e poucas vezes na história da filosofia o rigor de um argumento filosófico sobre algum tema flertou tão bem com a beleza e o estilo literário. A grande mensagem que o estoicismo nos legou, vinte séculos depois de seu apogeu, é a de que na vida humana há uma grande diferença entre se permitir sofrer e se autoimpor um sofrimento inútil. A velha ética clássica nos ensina que a tarefa fundamental de todo ser humano é a busca da felicidade e que, se algumas vezes sofrer é inevitável, em outras sofrer é uma escolha estúpida.

25

O último cidadão romano

Acredito que, a essa altura, já consegui estabelecer com você uma certa relação de intimidade que me permita confessar algumas de minhas particularidades, em vez de apenas contar histórias curiosas ou emitir pensamentos profundos sobre qualquer assunto.

Eu sou um viciado.

Sim, sou viciado.

Sou adicto, doente, compulsivo, o que você puder imaginar. Tenho um vício que se arrasta comigo há muitos anos e que me isola do mundo, me faz querer ficar em casa trancado no quarto nas manhãs de domingo enquanto a juventude dourada tosta na praia ou lota os restaurantes da orla em busca de chope, sexo e aventura.

Tenho um vício que me faz ficar acordado até tarde, que me traz dificuldades financeiras e problemas conjugais. Sei que você está chocado, mas perdoe esse seu interlocutor que luta contra essa pulsão e busca um pouco de equilíbrio sempre que passa em frente a uma livraria.

Não tenho ideia de quando esse vício começou nem de quando ao certo tomei minha primeira dose de literatura, mas acho que foi antes mesmo de aprender a ler, fascinado pelas imagens de uma imensa Bíblia que meus pais deixavam aberta perto da mesa da sala de estar da minha casa. Antes mesmo de aprender a ler, já desejava os livros da estante da biblioteca da minha casa em Mirassol (bairro da zona sul de Natal).

O amor absoluto pelos livros pode ser sacro ou profano. O primeiro dirige-se ao "objeto" livro, que se torna quase um ídolo, uma imagem sagrada que não pode ser manipulada por mãos impuras e acaba se tornando um objeto de adoração. O segundo se direciona ao conteúdo (esse é o meu). Minha pulsão está naquilo que os livros guardam. Deve ser algum tipo de perversão sexual, fetiche ou disfunção hormonal. Eu violento meus livros. Leio-os com voracidade, risco suas páginas, carrego-os pela cidade em furiosas sessões de leitura em filas de banco e no intervalo de aulas. Leio e risco, leio e risco, até que se tornem imprestáveis. Minha voracidade faz com que meus livros sejam consumidos e retenham as minhas marcas, como se eu tivesse o desejo profundo de emprenhá-los com um pouco de mim, como numa relação sexual sem camisinha.

Por isso um dos meus heróis filosóficos é Boécio.

Na antiguidade clássica, se você quisesse ler alguma coisa ou tinha que ser rico, para poder montar uma biblioteca particular e contratar copistas para transcrever os originais dos textos, palavra por palavra, em rolos e rolos de pergaminho; ou teria que viver perto de uma biblioteca pública como a de Alexandria, no Egito. Obviamente, não havia uma grande quantidade de livros à disposição do público e uma obra como *A política*, de Aristóteles, deveria ter uma tiragem de, no máximo, digamos, dez exemplares (ou alguma coisa do tipo).

Assim, o fim do Império Romano foi antes de tudo uma imensa e profunda catástrofe bibliográfica. Toda a herança cultural dos gregos, preservada pelos seus dominadores romanos, foi ameaçada quando as hordas germânicas começaram a migrar para dentro do império. Cidades foram arrasadas e, entre 400 e 410, Alarico, rei visigodo, invadiu a Itália incendiando Roma. Boa parte da produção literária grega sumiu do Ocidente nos conturbados anos que se seguiram à queda do Império. Apenas 1/5 da obra de Aristóteles sobreviveu; os textos de Epicuro e de quase todos os filósofos *physicos*, inclusive Heráclito, desapareceram. Inúmeras obras, tratados, poemas, tragédias, que só conhecemos por comentários do período romano, se perderam nas chamas que destruíram as cidades da costa do Mediterrâneo e do Lácio.

Enquanto esse mundo ruía, Boécio, filósofo e tradutor romano, nascido em 470, começou um largo esforço de tradução e de reprodução dos originais gregos de Platão e Aristóteles. Seu projeto era o de manter viva para o futuro a mensagem dos antigos filósofos atenienses e de preservar, de alguma forma, a herança cultural greco-romana em um mundo que escorria rapidamente por entre os dedos.

Em meio à fumaça das cidades arrasadas, bibliotecas públicas e privadas eram consumidas, fazendo virar pó tesouros literários que sumiram definitivamente da consciência humana; Boécio tentava reter o máximo possível daquele mundo antigo e da sabedoria dos grandes mestres de Atenas. Ele foi, provavelmente, o último cidadão romano. O último guardião, no Ocidente, do fogo que habita os rolos de cada um daqueles pergaminhos antigos, o último sacerdote do templo clássico do saber.

Elevado ao cargo de *magister officiorum* (espécie de Chefe da Casa Civil do governo de Teodorico, rei ostrogodo), acabou sendo acusado de traição em favor do Império Bizantino e de práticas pagãs (viu como ser chefe da Casa Civil não é um emprego fácil?). Foi preso, barbaramente torturado e condenado à morte. Na cadeia, esperando pela hora final, escreveu *A consolação da filosofia*, no qual recebe a visita da própria musa Filosofia que o consola diante de um destino tão terrível.

A história de sua tragédia particular é a história de uma ruptura. Alasdair MacIntyre diz, em *Depois da virtude*, que a queda do Império Romano nos exilou das fontes greco-romanas da civilização do Ocidente. Esse processo de ruptura levou a um embotamento, um apagamento da tradição dos antigos sábios que durou mais de mil anos. Por toda Idade Média, com exceção de algumas ilhas, a filosofia clássica quase que se perdeu totalmente. Por um momento, a experiência da filosofia no Ocidente pareceu fenescer antes mesmo de frutificar.

Especialmente porque Boécio não teve tempo de completar seu esforço de tradução. Por isso, no Ocidente, a obra de Aristóteles mergulhou num profundo silêncio de mil anos; a de Platão foi preservada apenas pelas versões latinas de Cícero. O mundo antigo estava morto e sua herança dissipava-se na fumaça dos incêndios que consumiram as cidades do Império. Uma nova época surgia, e com ela, o predomínio de uma nova e estranha religião vinda do Oriente, mas essa é uma outra história.

26
Um deus do Oriente

Na última passagem do U2 pelo Brasil, não houve um show, mas uma missa com direito a terço no microfone, mensagens pela coexistência pacífica entre as grandes religiões monoteístas e discursos cheios de referências a Deus e à fé. Não era à toa que Kurt Cobain, o anti-herói viciado e suicida de minha geração, costumava chamar Bono Vox (o vocalista do U2) de "The Priest".

Assisti a um dos shows da turnê pela televisão. Não lembro se foi em São Paulo, Rio ou outra dessas metrópoles do sudeste; mas vi que Bono se ajoelhou perto do microfone (numa das suas posições megaperformáticas) e disse: "Pai Abraão, o que você fez?" Curiosamente, essa passagem não foi legendada, mas talvez tenha sido a mais significativa do show.

No século XX, duas experiências políticas gestadas pelo assim chamado iluminismo europeu (uma corrente de pensamento do século XVIII) se confrontaram. Marxismo e liberalismo, URSS em oposição à EUA, a dialética franco-alemã contra a economia política anglo-americana. Havia aquele gostinho de fim de mundo, aquele medo de uma hecatombe nuclear e aquela iminência de uma terceira e definitiva guerra mundial. Hoje, o cenário mudou, e o mundo caminha para um fortalecimento das guerras religiosas.

Os fundamentalismos originários na tradição, que vêm de Abraão, andam em alta mundo afora e isso não é de agora; lendo um livro de William Burroughs (um dos membros da santíssima trindade *beat*) chamado *O gato por dentro* (*Cat Inside*) vi um comentário do autor sobre uma série de adesivos para carros que havia, subitamente, aparecido nos Estados Unidos na década de 1980. Eles diziam: "Mate uma bicha por Jesus."

Sempre especulei o que Jesus diria se recebesse um relatório no céu contendo todos os atos e todas as ideias daqueles que falam em seu nome. Acho que seria a melhor forma de fazê-lo voltar logo para a terra ou então abandonar de vez esse mundo miserável, cheio de profetas estúpidos.

Olhando as inúmeras distorções de gente como os homofóbicos fundamentalistas cristãos norte-americanos descritas no livro de William Burroughs, talvez Jesus pudesse concordar, entristecido, com a ideia de que o último cristão havia mesmo morrido na cruz.

Mas, apesar disso, o impacto do cristianismo no Ocidente foi incontestável. Curiosamente, um cara chamado Werner Jaeger (um famoso estudioso de cultura antiga) aponta que, quando os primeiros cristãos chegaram à Grécia, não foram identificados como fazendo parte de uma "religião". Os gregos pensaram que aquilo era uma escola de filosofia. Talvez por isso, no século IV d.C., Agostinho tenha tido tanta facilidade em adequar Platão ao cristianismo nascente.

Nietzsche costumava dizer que o cristianismo era um platonismo para as massas. Isso parece fazer muito sentido, porque boa parte das ideias que foram gestadas por Platão aparecem travestidas de "Santíssima Trindade", de "Sumo Bem", "Céu e Terra". A religião cristã nasceu mestiça. Uma mistura curiosa entre fé judaica e filosofia grega. Ela representa a encruzilhada de dois mundos, a tentativa do Ocidente de se aproximar do Oriente através da incorporação de um deus único, que antes morava no Templo em Jerusalém e que depois foi transferido para as catacumbas de Roma.

Dos subterrâneos, esse Deus eclodiu no Império Romano e acabou por enfraquecer a antiga sociedade pagã. No início, o cristianismo ainda rivalizou com outras seitas orientais, como o mitraísmo e teve que, aos poucos, ir abandonando sua base judaica. Paulo de Tarso foi um dos que mais contribuíram para essa aproximação com o Ocidente, falando em grego para judeus "helenistas" conterrâneos de Jesus, que aceitavam a aculturação romana (a língua oficial do Império do Oriente era o grego). Paulo uniu a religião surgida em solo judeu, de um profeta nascido numa família judaica e envolto no ambiente judaico de resistência à dominação do Império Romano; ao mundo grego e à tradição ocidental.

O movimento de fusão que deu origem à Igreja Católica começou muito cedo, no ano 49 da nossa era, quando a primeira grande assembleia de cristãos decidiu abolir a exigência da circuncisão. Mas só se completou trezentos anos mais tarde, quando, no Concílio de Nicéa, o neoplatonismo triunfou sobre as correntes do bispo Ário e trouxe para a religião do Cristo a ideia de "Trindade".

Depois que o cristianismo consolidou-se e que o Império Romano ocidental definitivamente caiu, um novo mundo surgiu. Uma nova mentalidade, um novo padrão cultural. O cristianismo representou um momento importante, porque Roma, em sua expansão para o Oriente, uniu em suas ruas Atenas e Jerusalém – os cristãos traziam a ansiedade de viverem numa zona de fronteira. A razão grega e a fé judaica necessitariam agora se unir e a partir daquele momento a filosofia não seria mais a mesma.

Não sei qual é a sua religião, se é que você tem uma. O fato é que é muito provável que boa parte das crenças que você tem, da visão de mundo que você desenvolve e das categorias de seu pensamento tenham sido produzidas em meio a uma catástrofe. O fim de um antigo mundo e o surgimento de um mundo novo. A Idade Média apareceu no horizonte da história do Ocidente como o resultado dessa catástrofe, mudando a face da Europa e abrindo feridas que ardem até hoje. Bono tinha razão em perguntar: "Pai Abraão, o que você fez?"

27

O assassinato da senhora Filosofia

Sou um profundo admirador das mulheres, apesar de, às vezes, não conseguir compreendê-las. Elas costumam trazer algo de subliminar, algo de não dito, de insinuado. Uma sofisticada forma de comunicar as coisas que nós, homens de cérebro simplificado e pouco afeito aos sentidos indiretos, não conseguimos perceber. Na verdade, acho que não compreender as mulheres não é um problema; o pior mesmo é não vivenciá-las.

Talvez por causa dessa minha admiração pela linguagem feminina, jamais consegui me conformar de encontrar, na filosofia, tão poucas pensadoras famosas.

Não é como na poesia, espaço no qual elas reinam supremas, ou na música, especialmente no canto (Pavarotti que me perdoe, mas acho que as canções foram feitas para a voz das mulheres).

A filosofia sempre pareceu, para quem olha de longe, um insosso clube de senhores sisudos e barbados, segurando as próprias cabeças enquanto refletem sobre um ou outro problema metafísico intrincado. Se você observar, por exemplo, o século XX (cem anos de liberação feminina) e olhar ao redor à procura de filósofas, com aquele "F" grande e pomposo, vai encontrar poucos nomes. Hannah Arendt, Simone de Beauvoir, G. E. M. Ascombe. Cada uma delas ligada respectivamente a um filósofo do "Clube do Bolinha acadêmico": Heidegger, Sartre e Wittgenstein.

Passando em revista os livros de capa dura azul da coleção *Os pensadores* (já ouviu falar?) de 1972, não consigo ver o nome de nenhuma mulher. Só machos e simpatizantes. Nada mais.

Que cenário desolador!

Não me pergunte por quê. Eu não saberia responder e não poderia atestar se é produto de alguma conspiração sexista ou um distúrbio hormonal que envolveria a prática filosófica. O fato é que ao menos uma dessas mulheres magníficas tem seu nome marcado de forma definitiva e trágica no rol da tradição ocidental.

Hipátia de Alexandria era filha de um matemático. Seu pai, um sujeito bastante culto e sensível, permitiu que sua filha tivesse uma educação filosófica requintada, coisa que não parecia ser muito comum na antiguidade, e o que acabou por levá-la a se tornar uma das filósofas mais famosas da costa do Mediterrâneo nos longínquos anos de 400 da nossa era.

Ela chegou a fundar e dirigir uma pequena escola filosófica em sua casa, espaço onde recebia estudantes de diversos lugares do Império. Nessa época, o Egito fazia parte da banda bizantina do Império Romano que, mesmo após as destruições que se seguiram às primeiras invasões de Alarico a Roma, permaneceu como uma espécie de núcleo de preservação da tradição filosófica e jurídica do mundo helenista.

Apesar da relativa estabilidade, o Império Bizantino – onde Hipátia vivia – era cortado por tensões profundas e sua cidade (que era, ao lado de Antioquia e Constantinopla, uma das mais povoadas do mundo antigo) fervilhava com as rivalidades políticas, culturais e teológicas envolvendo a comunidade judaica (aproximadamente 200 mil pessoas), cristãos e pagãos.

A escola de filosofia de Hipátia baseava-se nos moldes do antigo paganismo grego, na velha tradição do pensamento clássico. Ela era, naquele tempo, a guardiã de uma antiga tradição de pensamento neoplatonista que estava com os dias contados e que, inevitavelmente, se fundiria com o cristianismo para formar as bases ideológicas da Igreja Católica.

Apesar de pagã, Hipátia não tinha muitos problemas com os cristãos (que eram maioria mas ainda não se impunham forçosamente às outras práticas) até que um maluco chamado Cirilo foi nomeado arcebispo de Alexandria. O cara andou instigando a população a praticar o esporte predileto dos cristãos medievais (matar judeus) e acabou por ser o protagonista do primeiro pogrom registrado na história. No ano de 415 a comunidade judaica de Alexandria foi dizimada.

Milhares de mortos, sinagogas destruídas, casas incendiadas e famílias em fuga. Irritado com a autonomia alucinada do arcebispo Cirilo, Orestes, prefeito da cidade, representante da autoridade imperial e amigo íntimo de Hipátia, resolveu engrossar para o lado do clérigo cristão. No meio do conflito, Hipátia foi sequestrada na rua e levada para dentro de uma igreja, onde foi despida e torturada até a morte. Depois, seu corpo foi esquartejado e queimado.

Como Virgina Wolf, Hannah Arendt, Simone de Beauvoir e Nísia Floresta, Hipátia de Alexandria era uma mulher livre. Emancipada por seu próprio pensamento e pelo seu próprio talento em argumentar com os homens na praça do mercado. Sua herança era a herança de uma tradição que estava morrendo.

A filosofia nos moldes gregos perdia espaço, os templos pagãos começavam a ruir e as escolas de filosofia estavam sendo fechadas para dar lugar a mosteiros cristãos. O martírio de Hipátia dentro de uma igreja em 415 não é reconhecido na história da filosofia. Fala-se sobre Sócrates, Sêneca e Boécio; mas ninguém cita Hipátia e seu assassinato brutal e selvagem. Talvez porque o vexame de sua morte anunciasse mesmo o fim do mundo que deu origem à filosofia. Talvez porque a vergonha de seu assassinato seja a vergonha que ainda temos diante de cada mulher que, pela brutalidade da mão de um homem, tenha sua dignidade violentada.

Depois do assassinato da senhora filosofia naquela igreja de Alexandria, o pensamento não continuaria o mesmo; um novo objeto e um novo nome dominariam todas as discussões de filosofia por mais de mil anos.

28
A Comadre Fé e o Compadre Razão

Há uma anedota judaica bem curiosa. Um dia, Jacó encontrou-se com Isaac, que estava sentado, acabrunhado, triste, num banco de praça. Quando Jacó perguntou qual era o problema, ele disse:

– Estou fugindo da minha mulher.

Diante dessa resposta, Jacó espantou-se:

– Por quê?

Isaac suspirou e disse:

– Porque ela fala e fala e fala e fala sem parar!

Jacó coçou a cabeça e, tentando ajudar o amigo a consertar seu casamento, perguntou:

– Mas o que é que ela fala?

Isaac então levantou a cabeça e com o olhar de desespero sincero, respondeu:

– Eu não sei! Eu não entendo nada do que ela diz!

A angústia conjugal de Isaac pode ser lida como uma metáfora para nossa angústia teológica. Se há um problema filosófico realmente relevante em toda a Idade Média, esse problema é o de entender o que Deus diz quando Ele fala.

Se Isaac fosse um homem conformado (na minha terra chamam essa espécie de "manicaca"), ele diria: "Para que eu preciso saber o que minha mulher quer dizer? Para mim, basta fazer o que ela manda!" Do mesmo modo que, se um judeu ultraortodoxo estivesse diante de um cristão reformista, ele poderia dizer: "Por que eu preciso entender o que Deus quer dizer? Basta fazer o que Ele manda!"

A ansiedade por entender o que Deus quer dizer quando fala contaminou o pensamento medieval e, de um modo ou de outro, é uma herança do desejo grego de entender e filtrar racionalmente o mundo.

Seria pedir demais a um grego antigo, afeito ao vaivém da argumentação e da retórica gestada numa tradição de debates públicos, que simplesmente aceitasse as palavras bíblicas e as seguisse. A fé necessitaria ser justificada e fundamentada. Mais ainda, seria preciso mostrar que as revelações bíblicas batiam com o pensamento dos filósofos clássicos, especialmente Platão e de Aristóteles.

Era preciso comprovar, demonstrar, entender, fundamentar para depois seguir o mandamento. A Comadre Fé tinha que andar junta do Compadre Razão, e isso gerou várias obras clássicas de filosofia. Agostinho tentou explicar o problema do Mal ("Se Deus é onipotente, onisciente, onipresente e sumamente bom, como seria possível a existência do mal?"); Anselmo tentou encontrar uma prova para a existência de Deus com base no pensamento ("Se eu concebo a ideia de um Ser perfeito, esse Ser tem que existir porque senão não seria perfeito."); Aquino, com o livro de Aristóteles debaixo do sovaco, desenvolveu cinco provas para a existência de Deus, inclusive a famosa prova baseada na ideia de causalidade ("Tudo que existe tem uma causa; o mundo existe; logo, ele tem uma causa; essa causa só pode ser Deus.").

Boa parte da filosofia na Idade Média girou em torno de problemas e questionamentos levantados a partir da importação de um entendimento judaico (a Fé absoluta e irrevogável na aliança com um deus único) para um ambiente grego (cercado pela confiança de que as coisas poderiam ser compreendidas, contempladas pela razão).

No entanto, do mesmo modo que havia aqueles que acreditavam ser possível entender o que Deus diz e não apenas fazer o que ele manda, havia os que duvidavam que o entendimento humano pudesse chegar perto de compreender alguma coisa sobre Deus. Para esses, o contato com Deus estava no silêncio e no vazio.

O sagrado deveria ocorrer num momento de esvaziamento, um segundo de ausência do barulho que há no pensamento. Isso faria sentido porque, de certa forma, Deus falaria quando a linguagem mundana desaparecesse e quando o discurso racional, que serve para dar forma ao mundo, não estivesse mais funcionando.

Um dos pensadores mais estranhos e fascinantes da época medieval é um sujeito que assinava com o nome de Dionísio. Na verdade, ele é conhecido hoje como Pseudo Dionísio; o Aeropagita. Isso acontece porque a rapaziada que analisa textos antigos afirma que esse é provavelmente um pseudônimo que faz referência a um personagem real da época de Paulo de Tarso.

Os textos do Pseudo Dionísio apareceram em grego por volta do século V ou VI da nossa era e foram traduzidos posteriormente para o latim por João Escoto Erígena. Esse "falso Dionísio" escreveu um tratado chamado de Teologia Mística.

> [...] Lá onde os mistérios simples, absolutos e incorruptíveis da teologia se revelam na treva mais que luminosa do silêncio: é no Silêncio, com efeito, que se apreendem o segredo dessa Treva da qual é muito pouco afirmar que brilha com a mais resplandecente luz, no seio da mais negra obscuridade[...].

Sinistro, não? Eu me arrepio quando leio o falso Dionísio, porque ele oferece uma das mais assombrosas visões de Deus. Quanto mais o espírito avança em direção à natureza divina, mais a linguagem diminui. Quando mais perto da linguagem, quanto mais se tenta enquadrar a experiência mística numa fôrma gramatical qualquer, mais nos afastamos Dele.

A mística medieval está basicamente assentada sobre esse pilar. Quanto mais perto de Deus, mais perto do silêncio e mais perto das trevas da linguagem. Nossa linguagem nos prega peças. Ela domina nosso pensamento e nós, como escravos dos seus ritmos, acabamos por mergulhar num barulho infernal. A maioria das pessoas não consegue controlar esse barulho. São escravas do vaivém mental que as leva, sem ordem, de um lugar a outro do mundo, prendendo sua atenção em tudo que é banal e mundano.

Você que está me lendo, pare um instante! Perceba como você está pensando. Veja que boa parte do tempo do seu dia é desperdiçado numa linha sem fim de ideias desconexas sobre o que o rodeia. Quando afundamos no mundo do dia a dia, das contas a pagar, dos engarrafamentos, da violência, da poluição urbana; quando nos deixamos levar pelo barulho mental que o mundo nos impõe, nos afastamos do silêncio sagrado.

Precisamos esvaziar nossa mente, abrir mão de nossa linguagem e de nossa alucinação mental de tentar entender tudo, projetar tudo, prever tudo, para que possamos, bem lá no canto imóvel e silencioso de nosso interior, vivenciar a presença do sagrado que anima o mundo. Sem esse silêncio, sem essa despreocupação em "entender" o barulho do mundo, estaremos numa eterna crise conjugal com Deus.

29

A via do Islã

Pense na palavra "Islã" e me diga com toda sinceridade: O que é que vem à sua mente? Se a sua resposta for: (1) homens de barba e turbante com cara ameaçadora gritando palavras numa língua incompreensível enquanto chicoteiam furiosamente as próprias costas ou batem com as mãos nas próprias cabeças; (2) mulheres cobertas de véus negros andando pelas ruas como fantasmas; (3) terroristas suicidas explodindo um ônibus ou plantando sacolas com bombas num metrô qualquer; lamento informar, mas acho que você anda exagerando na dose diária de telejornal, o que pode ser um sério risco para a saúde mental, vale lembrar.

Certo, o Islã moderno tem dessas coisas. Mas o Islã, do ponto de vista da sua história, foi e é um pouco mais do que todas essas imagens estereotipadas que o cinema e a TV tentam exportar para justificar psicologicamente as guerras por petróleo.

Numa época na qual o Ocidente europeu havia quase que inteiramente cortado sua conexão com o mundo grego, apresentando uma visão enevoada da grande herança filosófica, jurídica e artística que o Império Romano deixou, o Islã aparecia como um núcleo irradiador de cultura. Em seu caminho para o Ocidente, o Islã travou contato com o Império Bizantino (nome medieval para o antigo Império Romano do Oriente). Esse grande império, com sede na cidade que hoje se chama Istambul, na Turquia, guardava um importante tesouro: inúmeros livros, copiados pacientemente em grego e encadernados com capas de couro de animal, que haviam escapado da catástrofe bibliográfica que se seguiu à queda do Império Romano no Ocidente.

Esses textos guardavam o que havia sobrado da tradição literária do Império Romano e continham dois importantes conjuntos: Códex do Imperador Justiniano (coletânea de obras sobre o Direito Romano clássico, produzidas e recolhidas durante o Império e a República) e as obras de Aristóteles.

Lembra do Aristóteles?

Durante mil anos o filósofo da Macedônia havia permanecido praticamente desconhecido por parte do Ocidente cristão. Seu pensamento não dobrava a curva do Estreito de Bósforo devido à escassez de cópias em latim de sua obra (apenas algumas que Boécio havia conseguido traduzir). Mas, se Aristóteles não era conhecido no Ocidente, no Islã ele era um autor que já fazia os seus estragos. Sujeitos como al-Kindi e al-Fârâbi, no século IX, haviam travado contato com a obra de Aristóteles, mas foi um médico nascido no Usbequistão que iniciou o Ocidente latino no aristotelismo.

Avicena, como é mais conhecido na banda de cá do mundo, teve sua obra inspirada no pensamento aristotélico. A metafísica (mesmo nome do texto que se atribui a Aristóteles) foi conhecida no Ocidente cinquenta anos antes de as primeiras obras do filósofo macedônio surgirem à mesa de estudos dos monastérios cristãos no sul da Itália e na Espanha (aliás, foi a Espanha a primeira porta de entrada da filosofia de Aristóteles).

Naquele tempo, a Península Ibérica passava por aquilo que os judeus chamam de Era de Ouro da Diáspora. Um período de relativa estabilidade na convivência entre judeus, cristãos e muçulmanos.

As três vias do monoteísmo de Abraão, que até hoje não se entendem, viveram um período de contaminação mútua na

Espanha dos califas Omíadas. Por oitocentos anos a presença do Islã na Península Ibérica marcou profundamente a história, a cultura e a formação étnica de portugueses e espanhóis. Nesse meio-tempo, a comunidade judaica floresceu em Córdoba e Toledo. Cerca de 20% da população de Portugal era de origem judaica (depois cristianizados à força pelo decreto de 1497) e o restante, descendentes das misturas genéticas envolvendo os celtas (galegos cristãos), judeus sefaraditas e berberes (muçulmanos do norte da África). Nesse caldeirão cultural, Portugal e Espanha deram o verdadeiro início ao que se conheceu na Europa como o Renascimento cultural.

Sim! Fique puto! Jogue fora aquele seu velho livro de História da sétima série no qual o autor afirma que o renascimento teria sido uma invenção italiana. Antes da Itália, a Península Ibérica de nossos ancestrais lusitanos e espanhóis, mouros e galegos, judeus, cristãos e muçulmanos, vivenciaram uma experiência única de mestiçagem intelectual que marcou profundamente a filosofia dos anos que se seguiram.

Na virada do primeiro milênio da era comum, alguma coisa mudou na mentalidade dos povos europeus e a filosofia acompanhou essa mudança. Foi justamente a Ibéria dos califas Omíadas o laboratório no qual essa experiência foi gestada. A Península Ibérica, entre os séculos X e XIII, era uma zona de fronteira entre o mundo cristão dos povos germânicos e o mundo semítico de judeus e muçulmanos.

Nesse espaço de fronteira surgiram grandes pensadores como Ibn Rushd, mais conhecido como Averrois (muçulmano) e Moisés de Maimonides (judeu sefaradita). Nascidos em Córdoba, ambos adaptaram as ideias de Aristóteles às escrituras sagradas das suas religiões (o Corão e a Torah). Do mesmo modo, no sul da Itália, o contato com os sarracenos (muçulmanos da Sicília) acabou também contaminando o pensamento cristão.

Apesar de Aristóteles ter sido introduzido na Europa Ocidental através da obra do mestre Alberto Magno, foi seu aluno italiano, Tomás de Aquino, o responsável pela adaptação oficial do pensador macedônio aos evangelhos. Renasceu justamente nesse mundo de conflitos e interconexões culturais a herança grega clássica, amplificada pelo mundo romano, reduzida e distorcida pelas invasões germânicas, preservada no Oriente pelo Império Bizantino, trazida no lombo dos camelos (camelo tem lombo?) pela ampla via que o Islã abriu no norte da África, e reapresentada na Europa pelo trabalho de pensadores judeus, muçulmanos e cristãos na Espanha.

Por isso, é bom ter cuidado com os estereótipos redutores. Até porque é muito provável que, se você for brasileiro – especialmente nordestino e especificamente potiguar ou paraibano – boa parte do seu sangue carregue, junto com a herança galega, indígena e africana, a marca genética dos judeus e muçulmanos que ajudaram a filosofia a se manter viva.

30

Um bicho esquisito

Estou, neste exato momento, diante de um imenso mistério. Sinto esse mistério sempre que escuto "Take Five", de Paul Desmond. Especialmente quando ela é executada pelo quarteto de Dave Brubeck, com o próprio Dave no piano, o Desmond no sax alto, Joe Morello nas baquetas e Eugene Wright no baixo. Poucas vezes me senti tão perto do sublime quando nos momentos em que, distraidamente, sou pego por uma música como "Take Five". Agora, ela está tocando no meu computador e eu me pergunto: Que tipo de criatura é capaz de fazer uma música como essa?

Esse espanto não é só meu. Na tragédia de Sófocles *Antígona*, o Coro (espécie de narrador coletivo, porta-voz da cidade e usado no teatro antigo) enuncia: "Muitas são as maravilhas, mas nenhuma é maior do que o homem." Mais à frente o Coro de Sófocles completa o raciocínio: "Dotado de arte e engenho para além do que se imagina, o talento para encontrar recursos ora o encaminha para o mal ora para o bem, confundindo as leis da terra e a justiça que aos deuses jurou respeitar."

Curtiu? Maneiro, não é?

Esse é o mistério e o assombro maior. O homem é capaz de fazer coisas sublimes e coisas absolutamente hediondas. Por isso, sempre que eu escuto "Take Five" me espanto com o homem e sempre que me espanto com o homem digo para mim mesmo: "Pense num bicho esquisito!"

A esquisitice desse bicho foi motivo de grandes discussões na Era Moderna e é possível mesmo admitir que a Idade Média começou definitivamente a declinar quando a filosofia iniciou, sutilmente, a mudar seu objeto.

Se antes o núcleo do problema era Deus e sua revelação que precisava ser compreendida e explicada, agora o nó da questão era sua criatura mais bizarra: o homem, esse bicho esquisito.

Nessa discussão, um jovem pensador chamado Pico della Mirandola se destacou com um livro definitivo. Pico, junto com Marcilio Ficino e Erasmo de Rotterdam, foi um importante representante do renascimento cultural greco-romano no começo da Idade Moderna. O movimento que havia eclodido com os muçulmanos e judeus, leitores de Aristóteles ainda no século IX e X da era comum, agora se espalhava pela Europa e iniciava uma revolução na mentalidade dos povos cristãos.

Pico, ao contrário de alguns dos mais importantes pensadores do Ocidente, teve uma vida curta; morreu com 31 anos, o que não lhe permitiu concluir seu projeto ambicioso. Considerado o humanista mais importante do Renascimento, era, segundo as fontes históricas, um sujeito rico, belo e sábio. Um "partidon" na linguagem das colunas sociais.

Tragicamente, Pico não teve tempo de concluir sua *Dignidade do homem*, obra de proporções monumentais que pretendia, entre outras coisas, demonstrar a absoluta conformidade filosófica entre as diversas tradições religiosas. Sobrou para o futuro uma pequena introdução ao texto que serviu de esteio na compreensão do neoplatonismo da chamada escola florentina (que surgiu ao norte da Itália no século XV) e uma visão radicalmente moderna da condição humana.

Vou explicar com calma para que você possa perceber que o negócio é muito forte. Quando Jean-Paul Sartre, o último pensador francês (desculpem, isso é uma provocação), surgiu lotando auditórios pelo mundo todo, escrevendo em jornais e aparecendo na TV no pós-guerra, divulgando sua pop filosofia existencialista, na verdade o que ele estava fazendo era retomar uma intuição do século XV, divulgada na obra de Pico della Mirandola, o conde boa-pinta do norte da Itália.

Pois é. Assim como são as pessoas, são as criaturas. Quando Sartre dizia coisas como: "O homem é um ser condenado à liberdade" ou "A existência precede a essência", ele estava usando a ideia de Pico de que o homem é um ser "ontologicamente indefinido" e dizendo que isso era uma ideia de Heidegger. Por isso que Sartre ganhou tanta notoriedade. Pouca gente conseguiu misturar tantos pensamentos numa salada teórica, embrulhar e vender com um produto filosófico tão bem quanto Sartre, o mestre maior da filosofia pop.

Na verdade, Pico, lá no século XV, retomando uma tradição judaica, dizia que o homem havia sido criado na sexta-feira, no fim da tarde, na hora do acendimento das velas do Sabat. Até aí não há novidade. O problema é que, na interpretação de Pico, Deus já havia encerrado o expediente de trabalho quando o homem apareceu. Ou seja, tudo já estava concluído, pronto, determinado no seu devido lugar. Mas Deus percebeu, antes de fechar a fábrica da criação e sair para o *happy hour*, que faltava um ser que pudesse contemplar e admirar a Sua obra. Entretanto, como tudo estava pronto e a natureza já estava completa, Ele não tinha onde pôr essa criatura. Não havia mais "espaço ontológico" no mundo para um ser de fim de expediente. Então Deus usou uma estratégia: jogar o homem no mundo. Lançá-lo na criação sem um lugar fixo. Soltá-lo no meio do vazio da vida, entre o chão que ele pisa e o céu sobre sua cabeça. Deixar que ele fosse livre para escolher ser o que quisesse.

A história que Pico usou para ilustrar seu pensamento era de que o homem não tinha uma natureza fixa. Ele era um ser transitório e indefinido, uma espécie de marginal biológico. Uma criatura que poderia se aproximar do divino e espelhar figuras angelicais enchendo o mundo de beleza como num *take* de Paul Desmond ou se aproximar das bestas rastejantes e perpetuar miséria, lixo, feiura e sofrimento aonde quer que fosse.

Essa é a natureza do grande assombro e da grande dignidade que o bicho-homem traz consigo. A potencialidade de ser sublime ou miseravelmente hediondo. A ambiguidade de ser capaz de gerar o mais maravilhoso e o mais terrível numa mesma obra.

31

A arte de não se odiar

No dia 1° de março de 1580, o barão Michel de Montaigne, senhor da terra de Bordeaux no sul da França, escreveu a advertência que está na introdução de seu livro *Ensaios*. Como eu já tenho um pouquinho de tempo nessa labuta de escrever, mais ou menos uns 18 anos de teclado (isso levando em conta a máquina de escrever Remington que me introduziu no mundo da prosa), posso afirmar, sem muita dúvida, que esse dia, 1° de março de 1580, foi o dia em que Montaigne terminou seu livro.

Ninguém começa um livro pela apresentação.

Essa é a última coisa que a gente escreve. É como registrar um filho. Não dá para fazer isso antes de a criatura nascer e a gente olhar bem para a cara dela para confirmar o nome que se tinha imaginado.

Na verdade, Montaigne viveu até os 38 anos como um nobre francês do século XVI ou uma *socialite* brasileira viveria – cercado de frivolidades. Mas, após a morte de um amigo, Montaigne mergulhou numa profunda melancolia e, nessa tristeza, encontrou o caminho para escrever sua obra.

Isolado numa torre, cercado por livros e citações em grego e latim gravadas nas ripas de madeira do teto, o senhor de Bordeaux, barão de Montaigne, tocou num dos centros nervosos da modernidade: o "Eu".

Na apresentação de seu livro, o barão escreveu:

> Eis aqui, leitor, um livro de boa-fé. [...] Voltei-o em particular a meus parentes e amigos e isso a fim de que, quando eu não for mais desse mundo (o que em breve acontecerá), possam nele encontrar alguns traços de meu caráter e de minhas ideias e assim conservem mais inteiro e vivo o conhecimento que de mim tiveram. Se houvesse almejado os favores do mundo, ter-me-ia enfeitado e me apresentaria sob uma forma mais cuidada, de modo a produzir melhor efeito. Prefiro, porém, que me vejam na minha simplicidade natural, sem artifício de nenhuma espécie, porquanto é a mim mesmo que pinto.

Era o próprio Michel de Montaigne o objeto de seu livro. Ele mesmo, com todos os seus defeitos, com suas peculiaridades, com sua biologia, sua calvície, sua barriga flácida, seus odores, seus hábitos alimentares e seus procedimentos intestinais. Montaigne usou a si mesmo como campo de batalha intelectual para diagnosticar um dos mais inquietantes sentimentos humanos: a inadequação.

Vou confessar: durante algum tempo, antes de começar a praticar ioga, frequentei uma academia de musculação. Sim, eu sei, foram anos estranhos para mim, mas eu tinha minhas razões para participar desse mundo, algo que talvez, como Montaigne, possa vir a confessar com mais detalhes após os 38 quando o tempo começar a retirar de mim os sinais de minhas vaidades ridículas.

O fato é que percebi que uma academia de musculação é um ambiente perfeito para a inadequação. Muitas pessoas sentem-se desconfortáveis com os próprios corpos. Existe uma sensação fundamental de vergonha com a matéria biológica que nos compõe.

Hoje, se veem filas de mulheres se mutilando em salas de cirurgia plástica para esticar, cortar, desdobrar ou paralisar partes do corpo que são inadequadas para o modelo social de beleza. Observamos pela TV meninas definharem e morrerem de fome para enquadrar o corpo numa medida de magreza construída socialmente por algum funcionário da moda que odeia o corpo feminino. Garotos atrofiados tomando medicamentos veterinários para inchar os músculos. Pessoas se medindo, pessoas se pesando ao lado de toneladas de lixo publicitário que vendem as mais miraculosas e ridículas formas de alguém ficar "em forma" (ou melhor, "em fôrma").

Nossa neurose é a mesma do século XVI. Precisamos nos sentir adequados, enquadrados, encaixados, embalados para presente. Nosso corpo tem que entrar no manequim, nosso quadril encaixar na calça. Nossas nádegas precisam estar rígidas e empinadas, nosso abdômen duro, nossas coxas torneadas, nossa silhueta esguia ou então estaremos condenados à mais miserável infelicidade.

Sabe o que é engraçado? Na época de Montaigne, também era assim. Só que os motivos pelo quais as pessoas torturavam o próprio corpo eram outros. Ao invés de mostrá-los, as pessoas os cobriam, escondiam seus defeitos, guardavam suas imperfeições. Naquela época de vestidos compostos e de golas fechadas, o francês médio sofria tanto pelo seu corpo como o "carioca saradão" da academia. Mas, naquele tempo, a inadequação vinha de dentro. Flatular, arrotar, excretar, menstruar, ejacular. Coisas consideradas vergonhosas. Atos da mais miserável ignomínia.

Montaigne percebeu que essas ideias vinham da noção de que o corpo humano era a ligação com a nossa faceta animal e, por isso, o corpo e seus processos biológicos precisavam ser negados, escondidos, ocultados. O corpo era mau. Os processos animalescos foram moralizados e transformados em expressões desse mal inerente à natureza, que liga o homem à sua banda primitiva. Montaigne mostrou que a única coisa que conseguiríamos negando a existência de nosso intestino grosso é nos sentirmos inadequados e padecermos de cólicas ou de uma desconfortável prisão de ventre.

Acabamos então por cultivar um miserável sentimento de ódio contra nós, um pânico, uma obsessão contra uma imagem que temos de nós mesmos e que precisa ser negada. Hoje, os motivos de nossa tortura corporal são outros. Como o corpo ficou nu, ele precisa ser moldado para atingir uma perfeição visual.

Ficamos nus para sermos vistos. Malhamos o tríceps para impor à irregularidade natural de nossa massa corporal um padrão geométrico de beleza que deve ter sido extraído de algum jarro grego do século VI a.C. Comemos e depois corremos para o banheiro vomitar, para deixar nosso corpo magro e fino, para que o nosso espelho não nos destrua. Aprendemos a nos odiar e, nessa luta constante contra o objeto de nosso ódio, nos mutilamos, nos cortamos, nos injetamos.

Estamos ainda como o homem do século XVI, negando a irregularidade natural e biológica de nossa própria herança para conseguirmos mais aceitação social, mais fama e mais sexo. É bom nunca se esquecer quem somos, e é isso que Montaigne nos lembra quando diz: "Mesmo no mais elevado trono do mundo, continuamos sentados sobre nossos cus."

32

A história de Prometeu

A figura de Prometeu aparece na *Teogonia* de Hesíodo e também na tragédia de Ésquilo (*Prometeu acorrentado*). Além de ser o titular mitológico do signo solar de Aquário, Prometeu também é o personagem central de uma das mais importantes construções conceituais da humanidade.

Na verdade, ele não é um deus; é um titã, filho de Jápeto e de Ásia. Sua desobediência foi ter ensinado aos homens a tecnologia de produção do fogo (segundo algumas versões, ele teria criado os homens). Sua punição: ser acorrentado no cume do monte Cáucaso para que todos os dias um abutre ou uma águia (segundo outras versões) viesse lhe comer o fígado – e este sempre se regenerava só para ser comido outra vez no dia seguinte.

Muito se falou sobre a importância do fogo na formação daquilo que nós chamamos de razão. Alguns dizem que foi o fogo que nos deu a possibilidade do sono profundo (porque com o fogo estávamos protegidos dos animais noturnos) e, como consequência, a capacidade de sonhar.

Através do sonho, o homem teria desenvolvido sua psique e ampliado a sua capacidade mental. Mas, na mitologia, o que Prometeu fez não foi apenas entregar o fogo. Zeus já o dava aos homens, quando os relâmpagos que cruzavam as noites antigas incendiavam galhos secos na savana. Mas o homem apenas retinha o fogo, como uma dádiva.

Foi Prometeu quem ensinou como produzir o fogo, e com isso ele roubou o poder de Zeus. Sua ofensa foi ter transmitido aos homens uma técnica, um procedimento, uma tecnologia, que depois foi utilizada como instrumento de poder. Observando por esse ângulo, Prometeu é o primeiro mártir da ciência moderna.

O ato banal de qualquer adulto contemporâneo de chegar junto a um fogão e riscar um fósforo para esquentar uma sopa fria que o espera depois do expediente retém alguns milhares de séculos de história. Guardar o fogo é substancialmente distinto de produzi-lo. Manter uma fogueira que a natureza produziu espontaneamente e descobrir o segredo invisível de usar o oxigênio para produzir uma chama são níveis completamente distintos de entendimento.

Do primeiro hominídeo que, batendo duas pedras lisas ao lado de um monte de folhas secas, conseguiu produzir uma fogueira, até os cientistas do projeto Manhattan que conseguiram liberar a energia oculta num átomo foi um pulo.

Se você traçar uma linha cronológica com as principais descobertas da humanidade vai perceber que a distância temporal entre uma grande revolução tecnológica e outra está encurtando. Nos últimos quatrocentos anos, a humanidade presenciou um *boom* tecnológico e isso se deve, de uma maneira ou de outra, ao renascimento cultural; foi a partir do fim das Cruzadas que uma grande mudança no pensamento humano começou a ser gerada. A preocupação em entender a dignidade do homem com Pico della Mirandola, a descoberta do "Eu" com Montaigne e o desenvolvimento de uma filosofia da ciência moderna com Francis Bacon ajudaram a definir o nosso mundo industrializado. Até Bacon, o conhecimento era visto como algo contemplativo. Saber era olhar o mundo com os olhos de Deus. O cientista não era muito diferente de um alquimista, de um bruxo ou de um astrólogo, que tinha como principal interesse entender os mistérios do universo para atingir um ponto de vista privilegiado e ser alçado às esferas divinas e celestes. A ciência antiga não era um instrumento de poder, e sim uma forma de "contemplação espiritual".

Foi preciso que Bacon (um sujeito cujo nome me lembra sempre os odores matinais do café da manhã nas casas norte-americanas, disseminadores de vários tipos de fritura suína) aparecesse para mudar a concepção acerca de qual seria a função da ciência. Foi a partir do trabalho desse pensador inglês que o homem ocidental pôde se dar conta de todo o alcance do conhecimento científico.

Para Bacon, saber é poder. Conhecer é ter domínio sobre algo, não apenas entender alguma coisa. Quando o homem contemplava o fogo, ele apenas se espantava; quando ele começou a refletir sobre o fogo, pode até ter descoberto alguma coisa sobre sua natureza, mas foi apenas quando ele aprendeu a produzi-lo e utilizá-lo para o seu próprio benefício que o homem deu seu salto tecnológico. Bacon foi um dos primeiros a perceber o grande potencial da ciência. Ele sacou que compreender o funcionamento da natureza fazia com que o homem tivesse também a possibilidade de prever e controlar fenômenos naturais e, assim, ter um domínio sobre o mundo. Corre o boato de que ele era um cara ambicioso, que buscava o poder a qualquer custo e que não hesitava em trair seus antigos protetores; um legítimo "cabra de peia", na linguagem do sertão.

O fato é que sua contribuição foi semelhante à de Prometeu. Ele ofereceu uma metodologia para a ciência e entendeu como deveria ser utilizada. Retirou o homem de seu estado de inocência e acabou por sepultar a figura ingênua do velho filósofo barbado envolto em profundas meditações, para pôr no lugar a imagem do cientista com bata branca cercado por aparelhos de medição.

Hoje, alguns séculos depois, nosso mundo foi medido, loteado, remexido, processado, reproduzido em série, embalado e exposto numa vitrine de um shopping center. Vivemos cercados de tecnologia, numa rede de concreto, carbono e informação. A energia que movimenta nosso mundo hoje, como um Frankenstein sinistro, ameaça nos destruir; o universo de poder e controle pensado por Bacon no alvorecer da Idade Moderna mostrou que tem um lado terrível.

Como um Prometeu moderno, nosso amigo com nome de bomba de colesterol estava certo. Os brinquedinhos que a ciência produz controlam a natureza; resta saber se o homem pode ou não controlar a si mesmo.

33

O fantasma na máquina

Passei boa parte do dia conversando com um amigo sobre a tal tempestade solar que a Nasa espera para 2012. Parece que estão prevendo uma imensa variação eletromagnética para esse período, o que poderia, na melhor das hipóteses, paralisar toda a rede de comunicação por satélite do globo.

Parece coisa de ficção científica, mas a internet está repleta de textos sobre 2012: calendário Maia, resgates de alienígenas, mudança global, variações de ciclos de explosões eletromagnéticas no Sol, todo tipo de cenário estranho e inquietante.

Eu sempre me senti frágil. Sempre fui acossado por uma estranha sensação de que o mundo que me rodeia é de uma imensa e insustentável fragilidade. Parece que nos acostumamos a pensar que o fato de vivermos cercados por uma multidão de pessoas que atravessam nossa vista para lá e para cá todos os dias nos torna imunes a mudanças bruscas.

Essa é uma sensação confortável que faz do nosso cotidiano algo palpável e real. Basta um vulcão, um terremoto, uma onda gigante, um furacão ou uma tempestade qualquer num dos ciclos do Sol para que parte de nosso mundo se desintegre. Essa impressão é espantosa e eu penso que pouca gente gosta de especular sobre uma dessas possibilidades.

O medo de que nosso mundo se esfacele de repente parece estar na base de um sentimento de pânico, e ter medo é diferente de ter pânico. O pânico paralisa, congela, bloqueia seu corpo e sua alma. Eu posso ter medo de algo que se apresenta a mim. Posso sentir receio de uma ameaça real e imediata como um ladrão batendo com o cano de uma arma no vidro do meu carro à noite. Mas, se eu sinto medo daquilo que eu não vejo, se eu tenho temor diante do que não se apresenta a mim de imediato, se eu tremo diante de uma possibilidade, estou entrando no mundo do pânico.

Esse provavelmente era o mesmo tipo de problema que acossava o pensador francês René Descartes.

Sim, você já ouviu falar dele. Provavelmente no primeiro ano do Ensino Médio ele deve ter sido objeto de seu ódio quando o professor de matemática começou a ensinar as tais "coordenadas cartesianas", lembra? A vida de Descartes não foi fácil; perdeu a mãe muito cedo e padeceu de vários problemas de saúde. Na verdade, ele parece corresponder bem a um certo tipo de perfil melancólico.

A tristeza de Descartes e suas hesitações são tão instigantes quanto suas inovações matemáticas. Durante a década de 1630 do século XVII, Descartes se dedicou a produzir uma das obras mais bem escritas da história da filosofia. Em 1637, ele publicou *O discurso do método* um texto no qual o filósofo parece tentar limpar a barra com o Tribunal do Santo Ofício, que havia condenado Galileu Galilei em 1633. Na verdade, o *Discurso* é uma peça de rara beleza estilística, narrado em primeira pessoa, como uma espécie de autobiografia intelectual da obra *As meditações* (que seria publicada só em 1641).

Temendo que suas ideias pudessem levá-lo ao mesmo tribunal que condenou Galileu e mandou queimar Giordano Bruno, Descartes reconstruiu um pouco de sua angústia e aflição e contou para a posteridade algo da calamidade interior que o assolava.

Paralisado pelo pânico, Descartes havia passado uma longa temporada trancado num quarto, recebendo alimento deixado à porta pelos criados e sendo acossado por sonhos estranhos, temores e inquietações. O mundo que o circundava estava ruindo. Multidões de jovens europeus perdiam a vida na Guerra dos Trinta Anos. A morte, a fome, a peste, a destruição bélica, a intolerância religiosa, perseguições e torturas marcavam o cotidiano dos pensadores europeus naquele período.

Esse, com certeza, é o pior cenário para um melancólico. Acossado por seus pavores, Descartes conta como se trancafiou em seu quarto para encontrar um ponto de apoio, um núcleo irredutível de certeza que pudesse oferecer a seu espírito, fraturado pelo medo e pela depressão, uma base para se manter em pé e se reerguer.

O discurso de Descartes começa com uma dúvida radical. Uma descrença absoluta na realidade oferecida pelos sentidos. Descartes usa um método de cura pessoal que constrói uma argumentação curiosa sobre a nossa própria consciência.

Ele duvida do que vê, duvida de Deus, duvida da matemática e da geometria que pareciam oferecer as únicas certezas. Mas, quanto mais ele afunda na dúvida, quanto mais o mundo que o circunda parece esfarelar-se, mais ele se aproxima de uma certeza absoluta e radical. A certeza de que, enquanto ele duvida, ele está pensando, e enquanto ele está pensando, ele pode ter a certeza de que existe.

A descoberta desse "Eu que pensa" é que vai permitir ao melancólico e apavorado Descartes achar forças para sair da escuridão de seu quarto, reencontrar a confiança no raciocínio matemático, retornar a fé na bondade de Deus e tornar o mundo coerente e estável. O exercício de Descartes é um típico exercício da era moderna. Ele pode ser compreendido como a descoberta – ou a invenção – de uma coisa pensante que estaria ligada, de alguma forma misteriosa, ao nosso corpo, como um fantasma que habita uma máquina.

Num mundo instável e inseguro (como o nosso), cercado de intolerância religiosa (como o nosso), marcado por guerras e conflitos sangrentos (como o nosso), cortado por uma estranha sensação de apocalipse (como o nosso), Descartes encontrou em si mesmo e no seu próprio pensamento a chave para a sua estabilidade e para a fonte de suas certezas.

Somos como fantasmas em máquinas. Nossa consciência é algo que não ocupa espaço e que interage, de algum modo desconhecido, com o nosso organismo. Geramos um ponto de apoio na percepção privilegiada que temos de nosso próprio interior. Em algum ponto do nosso "Eu" existe uma certeza que nunca se apaga. Um sujeito oculto que nos dá forças para reconstruir nosso mundo fraturado.

Posso ser sincero? Eu gostaria muito que Descartes estivesse correto (apesar de alguns fortes indícios em sentido contrário), porque, para almas frágeis como as nossas, em uma época tão evanescente, encontrar uma certeza qualquer vale mais do que ganhar numa loteria acumulada.

34

A Síndrome da Galinha de Russell

O problema das coisas insuportáveis na vida é que elas parecem insistir em acontecer mais de uma vez. O sujeito que fura a fila, o imbecil que buzina para você acelerar o carro um segundo depois de a luz verde se acender, o carrinho de compras do condomínio largado no meio da sua vaga. Pequenos infernos cotidianos que aparecem com certa regularidade em nosso mundo e, como o mal é mais visível, sempre tendemos a notar as pequenas abominações do nosso dia a dia.

Somos assim, meio que estuprados pela regularidade do mundo. Engalfinhados no misterioso tédio da repetição sem fim de todas as coisas. Mas, pense comigo um instante e me diga se realmente há algum fundamento na crença de que eu e você temos na repetição. Por que aquilo que acontece várias vezes tem que acontecer sempre? Por que algum idiota sempre tem que tentar furar a fila no banco ou um imbecil qualquer tem sempre que buzinar um milésimo de segundo depois da luz verde se acender para você?

Talvez exista uma conspiração cósmica para tornar nossa vida diária insuportável (como apregoa a inusitada Lei de Murphy), ou talvez, mesmo sem saber, estejamos padecendo da famosa Síndrome da Galinha de Russell.

Já ouviu falar? Bertrand Russell, além de ativista político e um dos maiores nomes da filosofia da matemática, era um sujeito bem-humorado e acabou equacionando o problema de um modo inusitado.

Imagine que um proprietário de um pequeno sítio tenha comprado uma jovem franga chamada Dolores, numa feira livre. Durante algumas semanas o bom sujeito alimenta a jovem Dolores. Todos os dias, ele vai até o quintal com milho e água fresca. Do ponto de vista de Dolores, seu dono é um cara legal. Alguém em quem ela realmente pode confiar. Sempre que ele aparece no quintal, Dolores se anima e corre para receber comida e água fresca. Um belo dia, algo inusitado, inexplicável, acontece. Um terrível mal-entendido, uma desagradável surpresa. Dolores não consegue compreender quando seu dono a agarra pelo pescoço e a leva para a cozinha. Ela não tem como entender a brutalidade daquele comportamento completamente imprevisível. Enquanto sente a faca de seu bom dono abrir sua goela, Dolores, agora uma iminente e apetitosa canja, num último suspiro, só consegue pensar perplexa com seu cérebro de galinha: "O que está acontecendo?"

Russell entendeu que o sujeito que cortou a goela da galinha é justamente o mesmo que a alimentou. Isso mostra que, para alguém como Dolores, é bem interessante possuir uma visão mais sofisticada acerca da uniformidade da natureza.

Como boa parte da humanidade, Dolores sofre de uma síndrome. Uma estranha ilusão mental de que o que acontece mais de uma vez vai acontecer sempre. Russell, ao alertar para esse detalhe, apenas retoma uma ideia desenvolvida pelo filósofo inglês David Hume ainda no século XVII.

Hume nos mostrou que nenhuma quantidade de experiências pode provar a validade de uma teoria. Quando enfiamos a chave na ignição do carro e a giramos, esperamos automaticamente que o carro funcione, porque isso sempre aconteceu. O fato de que todas as vezes que você gira a chave na ignição do carro ele começa a funcionar, não oferece nenhuma garantia lógica de que isso vai sempre acontecer.

Nosso entendimento nos prega peças porque ele generaliza o mundo. Cria a sensação lógica de que algo que já aconteceu um punhado de vezes vai sempre acontecer e nos acostuma a esperar sempre que o mundo permaneça do mesmo modo, ou que, no mínimo, haja algum tipo de padrão na mudança. Alguma sensação de previsibilidade. Hume demonstrou que a ideia de causa e efeito é produto de uma crença, reforçada por um hábito. Com isso, ele apontou para os riscos de sofrer da "Síndrome da Galinha de Russell".

Acordamos todos os dias de manhã e servimos um belo copo de leite aos nossos filhos acreditando que o leite "causa" a boa saúde deles. Ficamos surpresos ao saber que eles estão intoxicados com soda cáustica, ao invés de estarem alimentados com um coquetel de vitaminas. Essa ilusão causa muitos embaraços, especialmente no mundo da ciência experimental. Nunca teremos certeza de que uma droga testada com sucesso, com 3 mil pessoas, num grupo de controle qualquer, não vá matar nosso paciente.

Ao diagnosticar essa estranha síndrome, o escocês David Hume começou a demolir o orgulho da humanidade e a confiança na sua razão e na sua própria capacidade de compreender, prever e controlar os fenômenos da natureza. A filosofia moderna começa a ser desmontada e parte dos seus pressupostos (confiança na razão, a existência de um "Eu" interior que pensa, dignidade especial do homem, fé na ciência) sofrem depois de Hume abalos significativos.

Assim, nossa razão nos prega uma peça. Ela faz com que o homem acredite realmente que as coisas são como parecem ser e acaba perpetuando algumas mitologias e juízos falsos que muitas vezes nos põem na mesma situação da pobre Dolores. Esperando um banquete sem saber que nós é que somos o prato principal.

35

O chinês de Königsberg

Eu nunca fui a Königsberg.

Já visitei Cuzco, Roma, Viana do Castelo, Santiago de Compostela, Atenas e Olho D'água dos Borges. Já andei por locais frios, quentes, secos e úmidos. Já vi montanhas, andei de navio de ilha em ilha pelo Mediterrâneo. Já enjoei numa escuna na costa da Bahia e me deslumbrei com um oceano azul em uma ilha vulcânica no meio do Atlântico. Já subi a Cordilheira dos Andes e serpenteei o Rio D'ouro em busca do Castelo dos Paivas, no norte de Portugal. Já atravessei o sertão de ônibus, sem ar-condicionado, para chegar a São Paulo e subi em muita serra verde e fria no meio da caatinga seca. Fiz tudo isso, mas nunca fui a Königsberg.

Até porque, se eu quisesse ir hoje a essa cidade, teria que procurar um nome morto em algum lugar esquecido do tempo. Afinal, Königsberg não existe mais. Quer dizer, a cidade ainda está lá, num enclave encostado no Mar Báltico, entre a Polônia e Lituânia, mas ela não se chama mais Königsberg.

"A Montanha do Rei" hoje é um traço na memória do mundo. Um rastro na história dos nomes das velhas cidades que transitam pelas ruínas de reinos e impérios. Hoje, seu nome é Kaliningrado, em homenagem a algum não sei o quê do partido comunista russo. Por isso sua página oficial na internet (www.klgd.ru) está grafada em alfabeto cirílico, impronunciável para qualquer um que não domine o idioma russo.

Königsberg, apesar do porte médio (hoje tem 434.954 habitantes), sempre foi cobiçada por muitos reis e imperadores. Desde sua fundação, em 1255, pelos cavaleiros teutônicos, já foi capital da Prússia, pertenceu à Polônia, ao Reich alemão e à antiga URSS. Mas nada disso importaria tanto se Königsberg não tivesse sido o lugar onde um dos maiores pensadores da História do Ocidente viveu e produziu sua obra.

Numa casa de três andares, com um sótão e duas chaminés, cortada por largas janelas de madeira e vidro e uma grossa porta de entrada, viveu Imannuel Kant, chamado jocosamente por Nietzsche de "O chinês de Königsberg".

As velhas gravuras do século XVIII mostram uma cidade de ruas empoeiradas, na qual cavaleiros e carruagens se esbarravam, enquanto senhores de casaco andavam circunspectos em calçadas cheias de damas de longos vestidos empurrando carrinhos e carregando pacotes. Na grande catedral em estilo neogótico se vê o relógio, marcando o tédio das horas na torre mais alta. Essa era a cidade de Kant. Esse era o mundo para o qual eu não posso mais viajar, a não ser com uma ajudazinha da internet.

Kant nasceu após uma imensa catástrofe. A Guerra dos Trinta Anos no século XVII, envolvendo reinos católicos e principados protestantes, deixou um rastro de destruição e caos, que dizimou 1/3 da população da Europa central. O mundo da Königsberg de Kant foi o último mundo do antigo regime da nobreza europeia. O último suspiro do ambiente intelectual e cultural que gerou o renascimento europeu e a filosofia moderna.

No século das gravuras que eu achei na rede, aquela cidade perdida nas névoas geladas do Báltico seria o cenário para uma das maiores revoluções no pensamento filosófico e um ponto de partida para o golpe definitivo na velha metafísica que havia sido recomposta a partir da redescoberta de Aristóteles no século XIII.

Kant é um caso atípico na história da filosofia. Muita gente se pergunta até hoje como um obscuro tutor de província (o equivalente a um professor de Ensino Médio numa cidade do interior), que não foi introduzido em nenhum grande centro intelectual da Europa, nem iniciado por nenhum mestre filósofo em alguma tradição ou linhagem de pensamento, pôde produzir uma obra tão vasta e tão intensa como o velho ranzinza, descendente de escoceses, famoso por seus hábitos regrados e sistemáticos. Kant também afirmava que havia sido despertado de seu sono dogmático após a leitura das obras de David Hume.

O diagnóstico de Hume havia sido inquietante. O raciocínio indutivo, ponto de partida de nossos cálculos de probabilidade e base da ciência, seria uma crença, como qualquer outra superstição baseada no hábito e na repetição. A leitura desses argumentos reverberou na cabeça de Kant como uma bomba.

Algo estava errado na filosofia clássica. Algo não cheirava bem na velha metafísica e na antiga tradição que vinha desde Platão, passando pelos medievais e pelos modernos cartesianos do renascimento cultural. O que Kant vai mostrar a partir dessa inquietação que nasce da leitura de Hume é que nossa consciência não é um saco vazio, no qual os dados do mundo são depositados.

Nossos aparelhos de cognição dão forma àquilo que nós chamamos de "realidade". Somos envolvidos por alguma coisa, mas nunca saberemos o que isso é realmente porque sempre que nos aproximamos dessa "coisa", nossa razão põe aquilo que nos circunda em uma fôrma e o mundo ganha a forma que aparece para todos nós.

Quer entender o que Kant quis dizer? Tome um litro de cachaça e peça para alguém filmar você. O que verá é que o mundo do bêbado não é o mesmo mundo do sóbrio. O mundo aparece para o bêbado de um modo razoavelmente distinto do modo como aparece para o sóbrio, porque o tempo e o espaço do bêbado estão distorcidos pelo efeito da bebida.

Se nossa consciência tivesse outros aparelhos, se nosso sistema nervoso tivesse uma outra constituição, se determinadas áreas do nosso cérebro funcionassem de modo distinto, o mundo seria diferente. Porque nem sempre aquilo que parece é, e nós só temos contato com aquilo que aparece. Essa intuição de Kant fez com que 2 mil anos de confiança absoluta na razão humana e na metafísica fossem postos em questão.

Foi esse feito que transformou a velha Königsberg na cidade desconhecida mais famosa do mundo e que pôs as luvas do filósofo, seu chapéu, o tinteiro, o caderno de anotações e a bengala em exposição para o público duzentos anos depois de sua morte. O velho professor de província acabou criando um novo mundo em cima dos restos de uma antiga ordem, destruída pelos ventos que começavam a soprar do futuro.

36

Uma lei dentro de mim

Plauto, comediógrafo romano, escreveu: "Os deuses instilaram ansiedade no primeiro homem que descobriu como distinguir as horas. Produziram também ansiedade naquele que neste lugar construiu um relógio de sol, para cortar e picar meus dias tão desgraçadamente em pedacinhos!"

Essa é uma observação muito exata. A estranha sensação de que o tempo corta a nossa vida em pedacinhos faz com que a vida seja uma experiência radical. Do primeiro primata que percebeu o fluxo do tempo até os urbanoides contemporâneos das grandes cidades industriais, a história do homem se confunde com a história de seu relacionamento com os relógios.

Visto por alguns como um importante instrumento que operacionaliza o mundo, e por outros (entre eles o Capitão Gancho, personagem de J. M. Barrie, inimigo mortal do Peter Pan) como uma terrível ameaça, o tempo nos oferece uma grande oportunidade: a consciência da nossa própria morte.

Quem gostaria de ser imortal? Quem realmente toparia viver para sempre, peitar a eternidade e nunca envelhecer? O que aconteceria se, de repente, o tempo e a morte dessem uma trégua?

Neil Gaiman (para mim um dos quatro grandes gênios dos quadrinhos) brincou com essa possibilidade na revista *Sandman*, durante a série "Casa de Bonecas". Ele imaginou um sujeito que, em algum momento do fim da Idade Média, com a Peste

Negra devastando a Europa, tivesse desafiado a morte. Alguém tivesse dito que a morte é uma bobagem, uma idiotice. Com isso, ele acaba recebendo de Sandman (personagem mais *cult* dos quadrinhos das últimas décadas do século passado) a "bênção" de viver para sempre.

De cem em cem anos, Sandman visita o sujeito naquele mesmo lugar e vistoria como está o estado emocional dele e se, de algum modo, ele já deseja a morte. Essa experiência radical é a de se levar os homens à categoria dos deuses.

Mas o que aconteceria se estivéssemos no lugar daquele personagem de Neil Gaiman? Muito provavelmente padeceríamos de um tédio infinito e, por volta do nosso terceiro ou quarto século de vida, choraríamos desesperados, pedindo loucamente para morrer.

Isso acontece porque é a transitoriedade que faz com que a nossa vida seja urgente e especial. Sem um fim no horizonte, eu não preciso decidir nada, nem realizar, escolher ou criar nada de importante para minha vida; porque tenho todo o tempo do mundo. Por isso é que a morte cria a necessidade de o homem pensar na ética.

É porque eu sei que vou morrer que me faço a pergunta: "Como eu devo viver? O que eu devo fazer para que minha vida valha a pena?" Uma pergunta dessas só faz sentido se nós não tivermos todo o tempo do mundo. Se não houver um horizonte eterno e aberto diante do nosso futuro. Quando se vive para sempre não pode haver nenhum tipo de deslize nem nenhum acerto moral. Essa é a angústia dos deuses gregos e a fonte de seu amoralismo.

Porque não somos deuses, porque não somos eternos, temos que responder à questão fundamental que Kant levantou em sua obra *Crítica da razão prática*: "O que devo fazer?" A filosofia moral de Kant é uma das mais fortes e polêmicas doutrinas da tradição ocidental.

Para alguns, é o ponto central de toda reflexão sobre ética no Ocidente, de Platão e Aristóteles até os santos católicos. Para outros, uma expressão curiosa de um "modo alemão de ser". Kant construiu uma ética do dever com base na ideia de que a lei moral derivada de nossa razão nos "obrigava" a seguir imperativos éticos.

Agir eticamente para Kant é agir por dever, não se perguntar quais as consequências da ação, nem fazer cálculos das vantagens ou desvantagens de se agir de tal modo. Uma ação é justa em si mesma. Matar é sempre matar, não importa quais as consequências dessa morte; o conteúdo ético da escolha entre matar ou não matar vai depender da resposta a uma pergunta fundamental feita a si mesmo: "Posso eu querer que todos façam o que eu estou fazendo?" Ou melhor: "Posso eu exigir que meu vizinho aja como eu estou agindo neste caso?"

Um amigo me contou uma história curiosa que elucida um pouco esse tipo de atitude. Um alemão que costumava vir a Natal todo mês de janeiro saiu para um pub com alguns amigos brasileiros. Algumas doses de uísque depois e um bocado de roquenrol, a rapaziada resolveu voltar para casa. Quando chegaram na porta do carro, o alemão travou. Ele repetia sem parar:

– Nós não podemos ir! Nós estamos bêbados!

Os brasileiros se entreolhavam e diziam:

– Não tem problema, uma hora dessas não tem mais polícia na rua.

O alemão repetia:

– Mas nós estamos bêbados! – e os brasileiros emendavam:

– Mas não tem mais polícia na rua!

Essa conversa de doidos continuou por um bom tempo, permeada por uma incompreensão mútua. O alemão não entendia o raciocínio de vantagens e desvantagens de ações que os brasileiros realizavam de modo tão descompromissado. Os brasileiros não compreendiam por que o danado daquele sujeito alto e branco, mesmo sabendo que não seria punido na sua infração, insistia em continuar a obedecer a lei.

A história que meu amigo me contou retrata um conflito entre duas éticas. Uma ética instrumental, de vantagens e desvantagens, na qual o certo depende do resultado obtido, do desejo de bênçãos ou do medo da punição. A outra é uma ética do dever, calcada na consciência de uma lei moral interior que obriga os homens a agirem de modo racional.

Kant é o grande expoente do segundo tipo de ética. Sua lei moral é a lei da razão e sua universalização é a medida de nossa conduta. Estamos assim, todos bêbados, diante do carro da vida, sem saber qual é a atitude correta a tomar. Agir por dever implica abdicar de nossa busca incessante pelo prazer e pensar sobre o tipo de vida que devemos ter para dignificar nossa condição humana. Para Kant, essa vida tinha que seguir a conformidade da razão e a lei moral que derivaria dela.

Por isso ele escreveu em sua *Crítica da razão prática* as palavras que alguém muito sabiamente mandou gravar em sua tumba, no jazigo do professor em Gross: "Duas coisas enchem meu ânimo de uma admiração e veneração, sempre novas e crescentes quanto mais frequente e persistentemente delas se ocupa a minha reflexão: o céu estrelado sobre mim e a lei moral dentro de mim."

37

A ousadia do pensamento

Boa parte da vida de Kant se passou sob o reinado de Frederico II da Prússia (1740-1786). Esse rei, como vários outros reis na história europeia, foi chamado de "O Grande". Obviamente, isso não se deu porque o sujeito fosse alto, mas porque em seu reinado a Prússia atingiu um grau inusitado de desenvolvimento político e econômico.

Não sei se você sabe, mas um dos primeiros códigos jurídicos da modernidade foi o código prussiano. Esse foi um avanço significativo em relação à maioria dos reinos europeus, incluindo aí a velha França feudal, aristocrática e totalitária do Rei Sol.

Enquanto os outros Estados europeus padeciam da mesma asfixia política e da mesma intolerância religiosa que haviam produzido um imenso morticínio durante a Guerra dos Trinta Anos (envolvendo católicos e protestantes) no século XVII, a Prússia estava vivendo nos confins gelados do mar Báltico uma experiência política radical, que serviria de base para o Estado do bem-estar social alemão das décadas de 1960 e 1970.

Qual era a ideia fundamental? Simples: "Fale o que quiser, mas cumpra a lei." O código prussiano, antes mesmo do de Napoleão, já prescrevia que ninguém poderia ser molestado por suas convicções religiosas nem poderia ser interrogado, perseguido, ser alvo de zombarias, ter sua integridade física ou patrimonial ameaçada por qualquer uma de suas crenças ou opiniões, mesmo que essas fossem expostas em público e destoassem das ideias hegemônicas.

Kant, que morreu em 1804, viveu mais ou menos dez anos sob a vigência desse novo código de leis mas, durante o reinado de Frederico II, esses princípios já estavam vigorando.

Como mostra a história, tradicionalmente, filósofos são formas de vida que se propagam em ambientes democráticos. Se os donos do poder dão uma brechinha para que um punhado de seres humanos possa trocar ideias e expor suas crenças e pensamentos a recriminações públicas, então lascou-se. Está lançada a semente da árvore da filosofia.

Assim, Kant acabou por se tornar o ponto culminante de uma tradição de pensamento que encontrou um espaço de acomodação na Prússia de Frederico II. Na Alemanha, o nome dessa tradição foi "esclarecimento" (*Aufklãrung*).

Luz. Sol. Iluminação. Esclarecer. Extrair a luz. Fazer com que a luz surja das coisas opacas e sem brilho. Fazer com que, do meio das sombras da ignorância, uma fagulha, um brilho, uma chama tênue de uma vela possa brotar e criar um círculo de compreensão que nos permita enxergar melhor aquilo que nos circunda.

Kant foi um demolidor da velha razão medieval. Um desconstrutor da velha arrogância humana que acreditava poder compreender tudo, entender tudo, atingir o centro, o âmago do mundo e absorver toda a verdade sobre os mistérios da natureza.

Mas Kant passou longe de ser um cético ou um cínico. Ele confiava nas possibilidades de construção de uma outra razão, de um novo modo de compreender, de uma nova maneira de iluminar as sombras que nos cercam e nos ameaçam engalfinhar.

Vivemos numa época que parece estar muito interessada em abandonar qualquer tipo de razão. Hoje, as sombras que nos cercam são brilhantes e digitais. Elas vêm em ondas, em pulsos, em códigos binários travestidos de signos e informação. Somos bombardeados por sinais e estropiados por uma quantidade insuportável de signos de consumo que entram por nossos sentidos adentro e entorpecem nossa capacidade de pensar.

O objetivo principal de uma sociedade massificada de consumo desenfreado como a nossa (como diz dona Socorro, minha mãe) é fazer com que você fique doido e consuma.

Ficar louco e consumir é hoje o sentido da existência de uma quantidade substancial de seres humanos. Por isso essa quantidade de templos eletrônicos que transformam Jesus num corretor de imóveis. Por isso essa proliferação de farmácias, de lojas de *junk food*, de botecos e de shopping centers.

Na verdade, a razão não dá lucro porque a razão, no entender de Kant, nos liberta. Somos livres na medida em que compreendemos. Conseguimos nos afastar das sombras da ignorância e da superstição quando cultivamos a habilidade crítica de submeter nossos dogmas a uma reflexão sistemática.

Mudamos nossos valores quando entendemos que eles são a consequência de imposições externas que não dizem respeito à nossa vontade. A minha liberdade depende disso e a minha humanidade depende dessa liberdade. Sou menos humano quando me transformo numa máquina de consumir porcarias e banalidades. Sou menos humano quando me emburreço diante de uma vitrine virtual de valores e ideias que eu não escolhi para mim. Torno-me menos humano quando viro uma estatística da Câmara de Comércio Internacional do Não-sei-o-quê.

Minha dignidade humana (esse detalhe sem importância que atrapalha meus negócios) depende da capacidade que eu tenho de decidir minha ação com base no meu entendimento. Isso é radical. Isso é profundamente radical. Agir de acordo com o próprio entendimento é a marca do humano em nós e a base de qualquer coisa que possa se chamar "atitude".

Se há algo de subversivo no homem é justamente essa capacidade de desobedecer os impulsos naturais, os desejos artificiais e agir de acordo com o próprio entendimento. Acredito que boa parte da beleza do pensamento de Kant está em nos lembrar que a humanidade só tem alguma esperança de futuro se seus membros ousarem agir de acordo com o próprio entendimento.

O problema é que hoje, nesse imenso cemitério da razão, Kant parece que anda meio fora de moda. Num multiverso que estimula a cultivar a estupidez, a banalidade, a ignorância, a mediocridade moral, ter uma atitude racional, fundada numa convicção ética interior, é um ato de insubordinação.

38

A descoberta da história

Talvez a maior diferença que existe entre viver numa grande cidade moderna e numa pequena aldeia de algum interior perdido do mundo é a sensação de eternidade.

Geralmente, diante de uma paisagem natural, as mudanças se manifestam de modo muito lento. Quantos anos você imagina que foram gastos pelo vento e pelo mar para que uma enseada tenha sido esculpida? Quantos séculos demora para que um morro de areia surja numa praia, alcance a altura de 40 metros, seja coberto pela vegetação e depois, gradativamente, erodido até se transformar numa dunazinha minúscula? Quantos milênios leva para ver aquele imenso mar transformado num deserto e aquele sertão seco e sem fim voltando a virar mar?

Diante da natureza (a não ser quando ocorre uma catástrofe, como um vulcão ou um tsunami) as transformações são medidas em milênios. Por isso, o homem demorou tanto para se livrar da ideia de eternidade e aceitar a história.

Metrópoles modernas são radicalmente distintas de velhas aldeias interioranas porque as alterações na paisagem são instantâneas. De uma semana para outra, um velho casarão dos anos 1940 vira estacionamento, um antigo terreno baldio se transforma num supermercado, um conjunto habitacional vira uma autoestrada de três pistas e um rio velho e cansado passa a ser cortado por uma ponte gigantesca. As paisagens urbanas das grandes metrópoles nos dão a sensação de que o tempo passa e de que nada dura para sempre.

Todas as formas, todos os gostos, todas as crenças e hábitos que cultivamos durante nossa vida serão, um dia, manchas borradas num largo tecido de tempo que nos envolve e nos decompõe. Não apenas nós, mas o mundo ao nosso redor muda. Estamos no fluxo e ele, de um modo ou de outro, está em nós.

Veja só, todas essas ideias parecem triviais na Era Moderna. Tudo isso parece óbvio. Mas, nem sempre foi assim. Durante alguns milênios a humanidade simplesmente desconsiderou a ideia de história. A noção de que as formas sociais, naturais e humanas mudam com o passar dos anos e que a configuração da realidade se altera não eram ponto pacífico antes da Era Moderna.

Se você cultiva o hábito saudável de observar velhas pinturas vai entender o que eu digo. Há um quadro que eu gosto muito e que se chama *As bodas de Canaã*, de Veronès (1528-1588). Trata-se de uma tela de seis por 10 metros que está no museu do Louvre, em Paris.

Nela, o pintor retrata a passagem bíblica do casamento onde Jesus, filho de José, exerceu a transmutação alquímica de água em vinho. O curioso é que os personagens retratados na tela, apesar de terem existido 1.500 anos antes de o pintor realizar sua obra, estão todos vestidos como italianos do século XVI, num cenário que mais parece um castelo de verão no Mediterrâneo, tocando instrumentos musicais típicos da Renascença.

É como se alguém encomendasse hoje uma pintura de Cristo e o artista o retratasse de calças jeans, com uma jaqueta de couro e com um óculos platinado cobrindo a cara inteira, ao lado de uma BMW.

Na verdade, a consciência histórica no Ocidente tem raízes antigas e aparece já quando Protágoras, na velha Grécia, defende a ideia de que as formas sociais se transformam e seguem certos estágios de evolução.

Mas a ideia de que o mundo já havia sido criado e de que Deus é perfeito, atrapalhou o desenvolvimento dessa noção na

Idade Média e o mundo ocidental mergulhou num período no qual a ideia de História não parecia fazer sentido.

Então surgiu, entre os séculos XVII e XVIII, um napolitano que mudaria o cenário intelectual da Europa. Educado por padres jesuítas, Giambattista Vico produziu um texto notável chamado *A ciência nova*. Suas ideias acabaram por retomar a óptica de Protágoras e oferecer uma visão circular do tempo.

Ele não era só um colecionador de velharias, um amante dos ácaros e das traças, um cheirador de mofo de antigos livros amarelados. Seu intuito era filosófico e seu objetivo era compreender o sentido do universo humano e seu desenvolvimento histórico. Para onde nós vamos? Qual a direção de nossa aventura? Para onde o trem sem freio da humanidade caminha?

Teocracia, aristocracia, democracia, caos. Eras da humanidade. Formas de organização social que se sucediam e se repetiam num ciclo sem fim. Esse era o giro do tempo, e a roda da história fazia os povos passarem de uma fase à outra, transformando crenças, valores, modos de vida.

Vico não foi compreendido em sua época. Morreu sozinho, intelectualmente isolado, em 23 de janeiro de 1744. Apenas quando Gaetano Filangieri, outro napolitano que conhecia bem as ideias do velho mestre, ofereceu uma cópia da *Ciência nova* para Goethe é que o pensamento de Vico começou a lançar seus frutos, indo parar na Alemanha e fornecendo as bases para o surgimento do romantismo na terra de Oliver Kahn, o goleiro que defendeu a seleção alemã na copa de 2002.

A ideia de que as coisas passam e que a eternidade é uma construção mental, uma mitologia da linguagem ou uma distorção de alguma crença casou de papel passado com o espírito do novo tempo e contaminou a Alemanha, que começava a dar os primeiros passos na industrialização.

Lá, nos campos frios do norte, surge um outro pensador, que une as heranças de Kant e de Vico e que oferece uma outra forma de ver o tempo e a história. O século XIX desponta no horizonte, sobre os signos das grandes revoluções. O mundo industrializado, a sociedade da técnica, o universo massificado do capitalismo global se consolida enquanto os últimos grandes filósofos do Ocidente começam a exercitar seus cantos de cisne.

39

O último sábio do Ocidente

Quando meu orientador no doutorado, o professor Glenn W. Erickson, me disse que eu teria que ler Hegel, repeti comigo mesmo: "Não! Por favor! Hegel, não! Hegel, não!"

Tenho uma teoria sobre o impacto da leitura na vida de alguém. Acredito que nossas leituras reverberam no corpo. Existem livros que você lê e sente febre. Outros produzem longos e ritmados bocejos. Alguns dão fome, sede ou põem o intestino para funcionar e nos obrigam a passar um quarto de hora no vaso sanitário.

Existem todos os tipos de texto e todos os tipos de linguagem para cada uma das inúmeras reações corporais. Quando li pela primeira vez a *Fenomenologia do espírito*, obra fundamental escrita por Hegel entre 1806 e 1807, fiquei tonto, muito tonto. Parecia que estava de volta aos parques da minha infância, vomitando na roupa da minha mãe depois de sair de algum carrossel.

Georg Wilhelm Friedrich Hegel foi, sem sombra de dúvidas, o último sábio do Ocidente. Sábio no sentido de uma tradição filosófica que remontava a Aristóteles e Platão. Isso porque, muito provavelmente, ele tenha sido o último sujeito a tentar (e quase conseguir) fazer um sistema filosófico.

Calma, eu vou explicar.

Tradicionalmente, a filosofia, assim como um lombo de boi, pode ser fatiada. Metafísica, lógica, epistemologia, estética, política e ética são os seis grandes ramos clássicos do Ocidente.

Fazer um sistema filosófico é escrever uma obra sobre cada um desses tópicos de modo que uma tese central apareça em cada uma delas, costurado um vínculo entre os temas de maneira a não aparecer nenhuma contradição entre cada uma das ideias particulares.

Fácil, não é?

É como girar um prato de plástico com um canudo de acrílico grudado na ponta do nariz enquanto se rebola com as duas mãos enfiadas nos bolsos traseiros da calça ao som do DJ Marlboro.

Bem, o fato é que Hegel tentou fazer isso (o sistema, não o malabarismo) e, segundo alguns, foi o último a pensar num desatino desse quilate. Filho de uma família protestante do sul da Alemanha, o jovem estudante do seminário teológico de Tübigen teve uma vida ativa e laboriosa, como todo bom alemão sonha ter.

Muitos textos acadêmicos, obras extensas, artigos em jornal, horas de seminários como professor na universidade de Jena ou Berlim e 11 filhos depois, Hegel morreu vítima de uma epidemia de cólera em 1831. Teve um enterro honroso como o maior pensador de seu tempo.

Sua obra dialoga com a tradição iluminista de Kant, com o romantismo de Goethe e com o historicismo de Vico. Hegel foi, sem dúvida, o último grande filósofo com "F" maiúsculo. A ideia da história como uma espiral (base da famosa dialética), a noção de que ninguém pode ir além do seu próprio tempo e a recuperação dos antigos pensadores originais contribuíram para torná-lo autor fundamental no currículo de qualquer faculdade de filosofia no século XIX.

Ora, Hegel era protestante e ser protestante naquela época era tentar criar uma tradição que fosse distinta da tradição da Igreja de Roma. Como os católicos haviam eleito Sócrates, Platão e Aristóteles (os Irmãos Metralha da tradição ocidental) como os pensadores centrais da Grécia antiga e relegado os outros a uma situação periférica, caberia a um pensador protestante propor uma alternativa.

Então Hegel foi recuperar Heráclito, um obscuro filósofo original, chamado injustamente pela tradição católica de "pré-socrático". O velho Heráclito... Devoto da deusa Ártemis, a senhora da natureza selvagem e da lua nova. Mulher da escuridão da floresta. Deusa virgem que matava os homens que ousavam vê-la nua. Heráclito foi o pensador do fluxo do tempo, da impermanência.

A ideia de que tudo passa e que tudo flui num giro sem fim, no qual os opostos se sucedem um ao outro, ganhou conotações dramáticas nos fragmentos desse pensador antigo.

Com Hegel, a ideia de Heráclito é retomada e o carrossel do tempo ganha novos contornos. Ao recuperar a ideia de história e tentar uni-la à ideia de Deus a partir de uma metafísica cheia de idas e vindas, de retornos e giros, de voltas e contravoltas, Hegel pôs a roda-gigante da memória para girar e viu que o mundo estava em permanente mudança e que essa transformação constante tinha um sentido, uma direção, uma razão.

Estávamos girando, produzindo, destruindo e recuperando velhas formas de pensar, de amar, de sonhar, de sentir, de vestir e de falar. Criamos e recriamos nossa história todos os dias. O presente que um dia foi futuro vira passado e depois retorna sob outras formas e outros modelos. A guerra que é senhora de tudo controla o caminho da história e as formas sociais entram em choque no cenário dessa nova geografia humana. Ninguém escapa da ratoeira do tempo e do espaço mas, mesmo assim, alguns indivíduos especiais e enigmáticos conseguem empurrar a roda da história e fazer girar o carrossel da evolução.

Esse é o mundo de Hegel, que enuncia a chegada de uma nova era para a humanidade. O mundo burguês e industrial, a época das grandes metrópoles, das locomotivas a vapor. A era dos impérios e do capital que reduz a uma nota de 100 euros a face da terra. Hegel realmente parece ter sido o último filósofo da tradição ocidental e o primeiro pensador de um mundo novo, que hoje se espalha com seu giro sem fim por todos os recantos do globo.

A *Fenomenologia do espírito* é circular como esse carrossel do tempo. Ela roda e roda, e faz com que você saia do lugar sem perceber. Por isso, se você sofre de vertigens como eu, e se não tem uma larga experiência como praticante de giro dervixe, é bom ter sempre à mão um saco de vômito desses de avião quando estiver diante desse livro de Hegel. Afinal, como eu dizia no começo dessa crônica, existem obras tão poderosas que repercutem no corpo e não apenas no juízo fraco de seus leitores.

40

Tio Marx e a turma da Revolução

Não sei por que mas toda vez que eu olho para o meu contracheque lembro-me de Karl Marx, o sujeito que escreveu a maior obra sobre o dinheiro (*O capital*) sem um puto furado no bolso.

Marx foi o espectro que rondou o mundo ocidental por 150 anos e, junto com a turma da Revolução, fez um grande estardalhaço no século XX. Guerras, massacres, torturas, guerrilhas, discussões acaloradas em mesas de bar, rupturas, divórcios, títulos acadêmicos, honras militares, filmes de aventura. Tudo isso feito em nome do Karl Marx, quer seja contra ou a favor.

Lembro que, quando me aproximei do movimento estudantil (no começo dos anos 1990), era existencialista. Lia Sartre, acreditava em revolução estética e pensava que o mundo era uma imensa Rota 66 na qual os verdadeiros revolucionários eram Jack Kerouack, Allen Ginsberg e Bill Burroughs (a Santíssima Trindade *beat*). Lembro que tinha verdadeiras pelejas teóricas com a turma da TPOR, da Convergência Socialista, do Correio dos Trabalhadores ou qualquer uma das facções revolucionárias marxistas que assombravam o pátio da Escola Técnica Federal ou a cantina do DCE no setor I do campus da UFRN.

Naquela época, Marx estava por fora. O muro havia caído e meu pai havia, depois de trinta anos de militância no Partido Comunista Brasileiro, abandonado a cartilha marxista e pulado nos braços da Igreja Católica. Como eu nunca decorei o Credo, só tinha uma saída: virar existencialista. Então, nada melhor para fazer do quer malhar o velho Marx e a turma da Revolução.

Quinze anos depois, aqui estou eu, olhando para meu contracheque de proletário da educação e pensando comigo mesmo: "Até que esse tal de Marx não era lá tão idiota assim."

Na verdade, a despeito desse período de rebeldia pós-adolescente, o marxismo sempre esteve na pauta das conversas em família. Boa parte dos filhos de seu Benjamim Capistrano (meu avô paterno) era comunista. Os sobrinhos, também. Meu tio Antônio ainda hoje se mantém filiado ao PCdoB. Teve gente da família indo para Cuba trabalhar com Fidel, gente tendo aula de marxismo com Luis Maranhão, gente envolvida com todo tipo de atuação política. Até meu tio Beto (que ganhou o apelido de "Lula" no começo dos anos 1980 pela barba farta, uma homenagem ao líder sindical homônimo) chegou a ser preso por pichar os muros do Palácio do Governo em Natal com o clássico "Abaixo a ditadura!".

Marx realmente entrou na pauta do mundo no século XX e poucos foram os filósofos que conseguiram, em tão pouco tempo, produzir um impacto tão significativo na vida cotidiana de bilhões de seres humanos.

Com Marx, a filosofia deixa de ser um curioso "inutensílio" de sujeitos esquisitos e passa a ser um instrumento de transformação social. Mas há uma sombra filosófica que paira sobre Marx. Um espectro que nunca se afasta muito dele. Uma espécie de encosto intelectual.

Por mais que esse marrano alemão (filho de judeus assimilados) tenha produzido um pensamento próprio e significativo no campo da teoria política e na economia, em filosofia ele sempre vai ser visto como alguém que fez alguns pequenos ajustes no pensamento de Hegel e ajudou a limpar o resto de metafísica que ainda lhe poluía o pensamento.

Marx usa uma base materialista clássica, dos velhos atomistas da Grécia antiga (Demócrito e Epicuro), para entender o mundo moderno. Isso não teria sido possível se Hegel, antes dele, não tivesse subvertido o cânone católico e ido "resgatar" os pensadores originais, "pré-socráticos".

Marx põe a história num ponto privilegiado de seu raciocínio e toma emprestadas as ferramentas dialéticas de Hegel para postular uma tese de Vico: de que nós só conhecemos e dominamos aquilo que produzimos. Somos aquilo que fazemos. O trabalho de nossas mãos constrói o mundo em que nós vivemos e é, com o trabalho de nossas mãos e com o esforço dos trabalhadores, que um dia foram servos, que um dia foram escravos e que um dia foram livres, que a civilização se edifica.

A grande intuição política de Marx é a de inverter para corrigir a lógica hegeliana de produção da história. Não são os heróis que constroem os mundos. As civilizações humanas, todo seu drama e toda sua tragicomédia, são produto da massa amorfa de mãos anônimas que erguem as grandes construções do homem.

Como bem observou Walter Benjamim, Marx nunca deixou de ser um profeta judeu. Ele nunca abandonou a base do profetismo bíblico que, no período posterior à destruição do primeiro templo, lembrava ao povo de Israel qual era a verdadeira justiça do Eterno. Marx acabou se tornando o profeta político desse novo mundo, competindo com Nietzsche pela hegemonia da alma das massas no século XX.

Mas, a despeito desse impacto no universo político, talvez, a maior contribuição intelectual de Marx tenha mesmo sido o diagnóstico preciso e certeiro do modo de pensar que gira o moedor de carne humana do sistema capitalista. Ninguém entendeu a alma de um burguês como Marx. Provavelmente só o poeta francês Charles Baudelaire tenha penetrado de forma tão radical no abismo recôndito e profundo da náusea burguesa. Marx chafurdou na ferida da modernidade. Ele enfiou o dedo na chaga burguesa e conseguiu desmantelar a falcatrua ideológica do capitalismo como ninguém havia feito.

Liberdade, igualdade e fraternidade foram os lemas da Revolução que encantou Hegel. Marx seguiu o mestre e o corrigiu. Mostrou que entre os lemas da Revolução Francesa e a realidade de um sistema que destroça os limites morais da humanidade e transforma Deus numa nota de 100 euros havia uma grande e nauseabunda contradição.

Como todo bom profeta judeu, o tio Marx desceu da montanha para quebrar o bezerro de ouro da mentalidade burguesa que o próprio capital financeiro, judaico e protestante ajudou a construir. Deu para entender por que é que eu lembro de Marx toda vez que olho meu contracheque? Pois é, meu velho, a luta continua!

41

Saudades do amor

Há um poema de Willian Blake, traduzido para o português por Paulo Vizioli, chamado "O torrão e o seixo". Ele diz assim:

O amor jamais a si quer contentar
não tem cuidado algum com o que é seu
sacrifica por outro o bem-estar
e, a despeito do Inferno, erige um Céu.

Essa é a primeira estrofe na qual, em inglês, o primeiro verso rima com o terceiro e o segundo com o quarto. Na segunda estrofe, Blake elucida:

Esse era o canto de um torrão de terra
pisado pelas patas da boiada
mas um seixo, nas águas do regato
modulava essa métrica adequada.

Como um contraponto anunciado, o poema gira e o enfoque muda, transformando a face do amor:

O Amor somente a si quer contentar
atar alguém ao próprio gozo eterno
sorri quando o outro perde o bem-estar
e, a despeito do Céu, ergue um Inferno.

Somos uma civilização analfabeta na cartilha do amor. Andamos esquecidos da sutileza com que os antigos compreendiam a complexidade desse estranho fenômeno.

Na Torah judaica, o verbo para designar o amor é *Deah*, a palavra hebraica para os relacionamentos sexuais íntimos, mas que também designa opinião ou conhecimento. Biblicamente, amar é conhecer, partilhar, atingir certo grau de intimidade com o outro; por isso o amor é filho do tempo, mestre das horas, senhor da passagem contada das respirações partilhadas. "Quantas vezes eu respirei com você", poderia ter perguntado Romeu a Julieta, "para que meu amor seja real?"

Os velhos sábios da Grécia falavam de vários "amores". O amor sexual do *eros*, o amor divino e sagrado do *ágape* (a caridade de Paulo de Tarso), o amor da intimidade e da afinidade retratado no termo *filia* e o amor doença do *pathos* (o patológico distúrbio dos apaixonados).

Curiosamente, a paixão era vista com receio e qualquer família ponderaria várias vezes em permitir que seus filhos se casassem por paixão. Afinal, a paixão não se sustenta, ela é fogo que arde sem se ver e é infinita só enquanto dura.

O conhecimento, a intimidade adquirida com a aprendizagem de uma vida a dois sempre foi vista como uma base mais sólida para o amor até o final do século XVIII, quando jovens alemães foram possuídos por um estranho furor.

Em 1774, o mundo conhecia *Os sofrimentos do jovem Werter*, a fatal história de amor e loucura escrita por Goethe, que gerou uma onda de suicídios na Alemanha. Na verdade, o livro apenas fez eclodir um impulso que andava retido no subsolo cultural do Ocidente.

A paixão e seus desdobramentos fatais foram transformados, com o movimento romântico, na totalidade do amor. Tudo que se refere a essa palavra extremamente complexa e multifacetada foi reduzido àquela poderosa e nauseante descarga bioquímica que distorce a razão dos apaixonados e faz correr, de baixo para cima, aquele relâmpago gelado que empurra nosso estômago para o alto e faz você parecer um completo idiota no julgamento dos seus parceiros de farra.

A mitologia do amor romântico tem raízes nas histórias medievais de cavaleiros torturados por amores impossíveis e belas e intangíveis damas casadas, adoradas como se fossem a própria Virgem Maria, representação mais particular da grande deusa da cultura celta. Suas imagens foram apropriadas pelo mundo burguês e acabaram produzindo uma imensa indústria de serviços de casamento, filmes românticos, seriados de TV, telenovelas, advogados especializados na área de família e sessões de psicanálise semanais.

A paixão, o amor que é para a morte e a loucura, o amor intenso e sagrado, o amor que devora os limites, as imposições das convenções sociais e arrebata os apaixonados para os céus e depois os lança de volta aos portões do inferno, acabou se tornando a totalidade do amor e não apenas uma de suas facetas.

Para Arthur Schopenhauer, autor de um livro que dedica um capítulo sobre o amor intitulado *As dores do mundo*, a redução do amor à paixão era o sinal de uma das misérias fundamentais dos humanos. Se Schopenhauer estivesse vivo hoje talvez não fosse um conselheiro sentimental muito popular. Sua ideia sobre o amor romântico (o *pathos* dos antigos) carregava uma forte crítica à sociedade do século XIX, com sua autoconfiança no avanço da técnica, no progresso da ciência e na razão humana.

De certa forma, *As dores do mundo* ataca o espírito romântico de confiança na evolução da civilização, que serviu de base para a popularidade do pensamento de Hegel, contemporâneo de Schopenhauer e também seu mais profundo desafeto.

Tendo experimentado uma vida extremamente solitária e obscura (até a velhice, quando atingiu a fama repentina), é de se espantar que alguém que tenha cunhado uma frase como "A vida é uma inútil perturbação na tranquilidade do nada" tenha alguma coisa a nos dizer sobre o amor.

Schopenhauer não era um cético quanto às possibilidades humanas de convivência, apesar de frequentemente admitir que gostava mais dos poodles do que de gente. Sua ideia fundamental é que a paixão é um engodo. Uma estratégia da espécie que engana os apaixonados. Acreditando estar a serviço dos próprios interesses e desejos, comumente nos apaixonamos por pessoas que muito pouco têm a ver conosco.

Isso se dá porque a paixão não trabalha para os indivíduos. É ao gênero humano que ela serve, atuando sobre a vontade de cada um, criando uma força que nos empurra no sentido da reprodução. Espantosamente atual essa interpretação, não é? Num mundo sem ciência genética e com um arremedo de Teoria da Evolução, Schopenhauer teceu uma visão típica das modernas teorias biologicistas.

A paixão não é uma boa medida para o amor. Transformar a intensidade autodestrutiva da paixão numa base sólida para uma vida construída a dois é uma arte que poucos dominam com maestria e que anda esquecida esses dias. Na matemática sentimental das *Dores do mundo*, o amor romântico é uma das grandes melancolias que afligem o homem.

Saber transformar a paixão em amor é a chave da arte da convivência. O segredo dessa arte é nunca esquecer (como diz o poeta) que os opostos sempre se distraem, e que apenas os dispostos verdadeiramente se atraem.

42

O retorno da fé

Um dia, um jovem dinamarquês, chamado Michael Pedersen, foi possuído por uma grande melancolia. Estava cansado de trabalhar cuidando de carneiros nos campos gelados de Jylland, região da Dinamarca. Seu corpo, em frangalhos depois de um dia extenuante, latejava de fome e frio. Por isso, a melancolia do jovem Michael se transformou em ódio e, de cima da colina na qual havia passado o dia, Michael, tomado de revolta, lançou uma maldição contra Deus. Curiosamente, após amaldiçoar Deus, a vida de Michael mudou. Foi levado para Copenhagen por seu tio, Niels Seding, que estava abrindo um estabelecimento comercial. Michael prosperou ao lado do tio e se tornou um homem rico. Libertou-se de seu trabalho extenuante, acumulou dinheiro e prosperidades. Teve também muita sorte quando, em 1795, um terrível incêndio destruiu o centro de Copenhagen, queimando 35 ruas e destruindo 941 edifícios. Todas as construções ao redor da casa de Michael foram destruídas, mas a sua, miraculosamente, permaneceu intacta. Todos esses acontecimentos maravilhosos poderiam deixar qualquer cristão exultante de felicidade (ainda mais esses novos cristãos que buscam a prosperidade material como sentido fundamental de toda fé), mas quanto mais Michael recebia bênçãos em sua vida, mais ele afundava numa melancolia profunda e num terrível sentimento de pânico.

Quando viria o castigo de Deus pelo seu pecado na juventude? Como era possível que, depois de ter feito uma abjuração hedionda, blasfemado, negado, amaldiçoado o Eterno criador do universo, ainda assim nada de terrível tivesse acontecido? Michael contemplou o horror durante toda a sua vida e morreu, esperando que a sua punição viesse após a sua morte ou, na pior das hipóteses, fosse transmitida, como uma doença genética, para seus filhos. Aos 82 anos, na hora de morrer, o pobre Michael ainda esperava seu castigo.

Essa história seria apenas curiosa se esse personagem que viveu entre 1756 e 1838 não fosse o pai de um dos mais importantes pensadores europeus do século XIX.

Soren Aabye Kierkegaard cresceu num ambiente carregado de profunda religiosidade pietista. Seu pai, o Michael da história da maldição, acreditava que deveria sacrificar o próprio filho, como Abraão quase fez com Isaac, para livrar sua família do castigo que Deus estaria reservando. A filosofia teve sorte dessa "viagem" do velho Michael não ter se concretizado. Apesar disso, essa religiosidade profunda afetou o pensamento de Kierkegaard, fazendo com que ele fosse responsável, entre outras coisas, por reintroduzir o tema da fé no ambiente da discussão filosófica em plena era de euforia cientificista.

O século XIX era um tempo de crença no progresso da ciência e no desenvolvimento tecnológico. O mundo não havia descoberto ainda o potencial destrutivo da razão e os herdeiros do Iluminismo do século XVIII buscavam construir uma cosmovisão sem as sombras da superstição e dos fundamentalismos que levaram ao morticínio de católicos e protestantes durante a Guerra dos Trinta Anos. Pensadores que seguiam Hegel e Kant acreditavam nos poderes redentores e na terapia cicatrizante da razão. Kierkegaard apareceu então nesse cenário intelectual com algumas missões importantes: mostrar que Hegel estava errado e que havia falhado na pretensão de criar um sistema de pensamento e buscar a essência do verdadeiro cristianismo.

Da primeira tarefa, surgiram as bases daquilo que foi conhecido na segunda metade do século XX como existencialismo. Heidegger, Sartre, Camus e boa parte da filosofia francesa devem muito a Kierkegaard, porque ele ofereceu um conceito certeiro, sintetizado na palavra alemã *Angst*. Numa obra de 1844 chamada *O conceito de angústia*, Kierkegaard mergulha na ferida da melancolia. A ideia da queda, a sensação de dor e sofrimento diante do destino, a afiliação e a culpa diante da lei moral seriam expressões desse sentimento profundo que nos paralisa, mas que também carrega a força para nos empurrar.

Em alemão, *Angst* pode ser compreendido como um tipo particular de medo. Quando se sente "angústia" apresenta-se à nossa percepção algo sem forma. Não percebemos nada, não enxergamos nada, não estamos presenciando nada ameaçador, mas, mesmo assim, sentimos medo. Tememos o vazio, o silêncio, o desconhecido. A misteriosa sensação de que há algo que não se mostra e que nos espreita, esperando para dilacerar nossa existência, é identificada de vários modos pelos modernos cientistas da mente que chegam a indicar a ação de um ou mais genes. Melancolia, depressão, Síndrome do Pânico são nomes para designar a radical solidão de cada um e a sensação de que algo vai acontecer. Estamos sós. Não podemos, por mais que queiramos, fazer com que outro ser humano viva a nossa vida, experimente a experiência que vamos ter. Não há como empacotar nossa dor e nossa alegria e dividi-la com os outros para que os outros a sintam. Viver é algo que acontece com você e essa solidão radical do homem é o motor da angústia e a base do medo em relação ao vazio. A resposta para essa náusea humana, na visão de Kierkegaard, seria dada pela história bíblica de Abraão.

Diante do absurdo e da total falta de sentido nas ordens de Deus, que solicita injustificadamente a Abraão que sacrifique aquilo que mais ama, o patriarca não titubeia. Ele faz uma suspensão teológica de toda moral (um dia eu explico o que significa isso) e mergulha na fé. Mesmo diante do vazio, Kierkegaard nos mostra que ainda há lugar para a fé no século XIX e que a razão não havia conseguido resolver o medo fundamental dos homens diante da solidão e da angústia. Como no escrito atribuído a uma família de judeus, escondida durante anos num porão em Colônia na época da guerra: "Creio no sol, mesmo quando ele não brilha. Creio no amor, mesmo sem senti-lo. Creio em Deus, mesmo quando Ele se cala."

43

Assim falava Friedrich Nietzsche

Dar aulas é uma experiência única. Certas vezes você não tem ideia da influência de suas palavras. Lembro que, quando comecei a trabalhar como professor no Ensino Médio, há quase dez anos, sentia calafrios só de pensar em entrar numa sala de aula. Muitos colegas desistem nessa fase probatória por dois motivos que eu acho fundamentais: (1) não aprendem a rir de si mesmos; (2) demoram a entender que não estão falando para o vazio.

Quando o professor descobre esses dois segredos, então ele relaxa e consegue continuar sua labuta na sala de aula sem necessitar de nenhum tipo de intervenção psiquiátrica mais especializada.

Lembro-me de ter descoberto que não estava falando para o vazio quando uma aluna me abordou, dias após uma aula na qual eu havia lido algumas passagens de *Assim falava Zaratustra*, do pensador alemão Friedrich Nietzsche. Ela havia pedido o livro emprestado a um tio, que era pastor protestante e que tinha a maior biblioteca da família. O tio arregalara os olhos e dissera:

– Não! Não! Você não pode ler esse livro!

Então minha aluna lançou a pergunta fundamental que todo candidato a filósofo deve ter sempre na ponta da língua:

– Por quê?

O tio respirou profundamente, passou a mão na testa suada e franzida, como quem estivesse realizando um sincero esforço pedagógico de síntese:

– Porque você não vai entender e daí vai se sentir estranha, vai querer se isolar, vai se afastar das pessoas. Vai perder sua fé!

"Você não vai entender Nietzsche", foi o que eu ouvi do meu padrinho, dono da maior biblioteca que eu conheço, quando tentei ler *Assim falava Zaratustra* aos 16 anos de idade.

Realmente. Eu não entendi nada.

Mas, apesar de não ter entendido nada, senti que aquele era um texto que não podia deixar de ser lido e relido várias vezes durante a vida.

Na verdade, tentei ler Nietzsche aos 16 anos por causa do *Watchman*, série fundamental do universo das HQs nos anos 1980 composta por Allan Moore, um dos quatro grandes gênios dos quadrinhos (acho que já disse algo parecido em outra crônica) e David Gibbons.

Na edição brasileira de *Watchman*, havia, no fim de cada revista, citações de poetas, filósofos, agentes da contracultura, como Bob Dylan, e figuras *cults* como William Blake e Nietzsche.

No fim de um dos episódios (não lembro qual porque perdi minha edição original de *Watchman* durante uma das minhas crises psicodélicas no fim da adolescência) aparecia uma frase que me fez passar um tempo assustado: "Se você olhar para dentro do abismo, o abismo olhará para dentro de você."

Muita gente boa não considera Nietzsche um filósofo com "F" maiúsculo. Alguns o tratam como um literato, outros como um estilista, alguns também como um doido, acossado por delírios e alucinações esquizoides. Eu, particularmente, acredito que Nieztsche seja um profeta. Um profeta de uma era sem Deus e sem verdade alguma para ser anunciada. Isso porque o livro *Assim falava Zaratustra* parece fazer eco com a história de um outro profeta.

Moisés, assim como o Zaratustra de Nietzsche, sobe à montanha para receber a sagrada Torah. Do mesmo modo, o Zaratustra de Nietzsche passa seu tempo na montanha em profunda meditação para atingir a verdade. Quando Moisés retorna, o povo judeu está cultuando Bezerro de Ouro. Moisés se enfurece e passa um corretivo na tribo de Israel. Depois disso, a descendência de Abraão abandona seu ídolo de ouro e reforça a aliança com Deus através da aceitação da Torah.

Quando o Zaratustra de Nietzsche desce do monte, o povo também está cultuando seu "bezerro de ouro". Um circo está na cidade e os cidadãos do burgo, os burgueses europeus, a classe média do século XIX, está encantada com a trapezista, o malabarista e o urso que equilibra uma bola no nariz. Quando Zaratustra tenta anunciar sua verdade para as massas, elas simplesmente o ignoram. Viram-lhe as costas. Não aceitam sua mensagem. O livro parece mesmo um paródia irônica do mito bíblico de Moisés ou uma continuação do chamado "Mito da caverna" de Platão, que aparece no livro *A República*.

Lá, o filósofo se liberta das sombras de uma caverna e contempla a luz do sol. Conhece o mundo real que existe fora das brumas das ilusões que nos cercam e retorna para comunicar aos outros prisioneiros da caverna a boa-nova. Nietzsche conta no *Assim falava Zaratustra*, o que acontece com o filósofo quando ele tenta dar à massa os instrumentos necessários para a sua "libertação".

Essa é, de certa forma, uma visão bastante elitista, mas condiz com o ambiente intelectual europeu do século XIX. Nietzsche expõe também nesse livro seu imenso isolamento, seu afastamento da comunidade intelectual europeia e a dor em ver que suas ideias são sistematicamente consideradas por seus contemporâneos apenas como "selvagens fantasias" de um excêntrico.

O *Zaratustra* de Nietzsche é um livro espantoso. Intenso e forte como poucos textos na história da filosofia. Ele aponta para o futuro. Conta a história da falência de uma civilização e pode ser visto ou como o canto derradeiro da decadência de um mundo que vai terminar ou como o anúncio de um novo horizonte de possibilidades.

A profecia final de Nietzsche aponta para o fato de que velhos sábios e profetas barbudos não têm muita coisa a dizer num mundo que cultua ídolos. O Bezerro de Ouro ganhou a disputa com o Deus de Abraão e a civilização da técnica, o mundo brilhante do entretenimento de massas, a sociedade do consumo e da banalidade absoluta matou o espírito do Ocidente e arrancou do homem sua vontade de viver. Os mortos-vivos que passam soturnos pelas vitrines dos shoppings centers, como nesse poema de T. S. Eliot de 1925, "Os homens ocos" (tradução de Ivan Junqueira), não têm como escutar mais os profetas, nem os poetas, nem os sábios (a não ser que eles lhes prometam um emprego ou um carro zero km no final do culto).

Nós somos os homens ocos
Os homens empalhados
Uns nos outros amparados
o elmo cheio de nada
Nossas vozes dessecadas
quando juntos sussurramos
são quietas e inexpressas
como o vento na relva seca
ou pés de ratos sobre cacos
em nossa adega evaporada.

44

O olhar do girassol

Alberto Caeiro, um dos heterônimos de Fernando Pessoa, escreveu: "O meu olhar é nítido como um girassol" e eu me perguntei, muitos anos após ler esse verso, como é ter o olhar nítido de um girassol.

Sinto que apenas dois dos meus sentidos prestam para alguma coisa. Meu olfato sempre foi comprometido por uma rinite renitente (desculpe o trocadilho, foi inevitável) e alguns anos de fumo (já devidamente abandonado). Meu paladar, talvez justamente por causa do olfato, não é lá muito sofisticado e também não tenho nenhuma habilidade manual. De bom mesmo só sobram as "oiças" (como minha avó Adélia designava o sentido da audição) e a visão. Foi justamente por esses sentidos que algumas das impressões mais espantosas que eu já tive nesse mundo invadiram minha consciência.

Lembro quando cheguei em Machu Picchu em 1995 e vi a montanha sagrada (o pico famoso que todo mundo já viu nas fotos da cidade inca) ser rapidamente iluminada por um facho de luz cortando uma imensa barreira de nuvens que cobria a cúpula do céu. Vi o azul definitivo no mar de Fernando de Noronha. Consegui suspender a realidade enquanto contemplava o *Narciso* de Caravaggio numa exposição no palácio Barberini, em Roma. Em Campina Grande, deixei de pensar quando ouvi a cítara de Alberto Marsicano, no encontro holístico de 2003. Viajei no tempo na praça da Catedral de Santiago de Compostela, enquanto um rapaz solitário tocava uma gaita celta em meio às sombras daquela cidade medieval.

Todas essas experiências eu tive simplesmente pelos meus dois sentidos, que ainda servem para alguma coisa. Sem ter fumado nada, cheirado nada, bebido nada nem feito nada com qualquer outra coisa.

São experiências como essas que dão a nitidez da percepção e que fazem com que possamos ter contato com o pasmo essencial, com o maravilhamento básico de olhar o mundo como se fôssemos crianças.

Sarah, minha filha, que hoje tem cinco meses, guarda na sua condição de neófita na vida o olhar do girassol. Todas as coisas, por mais triviais que pareçam, guardam a grande novidade e o maravilhamento profundo. Um bebê sabe olhar, sabe ouvir, sabe sentir o mundo, porque ela vive numa cápsula de devaneio estético. A alegria, o espanto e o horror são elementos constantes na vida de um bebê.

Com o tempo, endurecemos nosso olhar e cerramos nossos ouvidos para perceber o barulho da vida. Ter o olhar do girassol é não perder a atenção para a eterna novidade do mundo.

Quantas vezes você já viu um pôr do sol ou uma lua nascer no mar? Saber por que o pôr do sol ou o nascer da lua no mar, já tão vistos todos os dias, encantam repetidamente os homens há milhares de anos é compreender o poder da experiência estética do mundo. Essa parece ter sido a grande tarefa de Nietzsche. Exultar o homem a perceber a tarefa estética da vida.

Dizem que ele escreveu: "Eu não acredito num deus que não dance."

A dança e a festa fazem parte da experiência, que tentou ser superada pelo melancólico Kierkegaard e exaltada pelo bipolar Nietzsche. Se estudarmos a obra de três grandes pensadores poderemos visualizar melhor os três caminhos que se configuram para aqueles que não querem apenas sobreviver e passar pela vida como sombras, condenados à insignificante redução biológica de estômagos com pernas e braços.

Há uma diferença entre "viver" e "sobreviver". Michael, meu antigo professor de alemão, me disse isso, quando eu perguntei por que ele havia deixado a Alemanha e se mudado para o Brasil. Ele respondeu: "Porque na Alemanha você existe, aqui no Brasil você vive."

Viver (nesse sentido) difere de existir porque as pedras existem, as vacas existem, os ornitorrincos e as amebas existem, assim como boa parte dos seres humanos, condenados a desperdiçar sua temporada na terra com as banalidades miseráveis do comer, defecar, dormir, fazer sexo e comprar bolsas Gucci. No entanto, algumas poucas criaturas podem realmente transcender o cotidiano e mergulhar numa experiência que faça sua vida valer a pena.

Entre os que não se contentam com o feijão com arroz de uma existência meramente biológica há os que buscam a verdade como Platão; os que morrem pela santidade como Kierkegaard; e os que teimam em encontrar a beleza como Nietzsche (há também os que buscam o poder, mas para esses daí eu precisaria de uma outra crônica, sobre Maquiavel, para tentar entender).

Buscar a verdade e desprezar a beleza foi, para Nietzsche, o grande erro de Platão (através de Sócrates, seu mais famoso personagem). Kierkegaard, ao tentar superar uma vida de deleites e encontrar a santidade e a perfeição moral, estaria negando justamente a força vital que nos empurra na direção de uma existência digna. A mortificação dos que se sacrificam em prol de uma perfeição moral e de uma bondade inatingível teria sido o erro dos pensadores cristãos. A busca fundamental deveria ser a do poeta.

Transformar o sofrimento da vida e o tédio melancólico do cotidiano em beleza é a opção do poeta. Enquanto o sábio filósofo busca entender o mundo e o santo tenta ser perfeito diante das misérias e imperfeições da vida, o poeta, em seu deleite estético, mergulha na vida para extrair, da dor e do prazer, a matéria-prima de sua obra.

Nietzsche apontou para a prevalência desse dado estético e mostrou a inutilidade de se entregar em busca de uma verdade inatingível e de uma santidade inútil (porque bem e mal são conceitos históricos e variáveis e a perfeição de um santo católico pode ser a maldição para um mártir muçulmano).

Estar diante da beleza e contemplá-la com a nitidez do olhar do girassol é encontrar o fio que conecta a nossa existência ao maravilhoso. Para recuperar esse espanto inicial, é preciso pensar como Picasso que, à medida que envelhecia abandonava cada vez mais o figurativismo e mergulhava em pinturas simples e ingênuas. Quando perguntado o porquê dessa redução pictográfica, ele teria respondido: "Levei a vida inteira para aprender a desenhar como uma criança."

45

De volta ao novo milênio

O que você faria se um grande amigo seu subitamente se agarrasse a um pangaré dessas carroças que levam papelão para protegê-lo dos golpes do carroceiro e depois saísse gritando pela rua, anunciando que os escravos seriam libertados? O que você faria se esse mesmo amigo, algum tempo mais tarde, mandasse um e-mail para você dando a entender que era Deus? Qual a sua reação se, quando você fosse visitá-lo em seu apartamento, o visse encolhido num canto do sofá, acabrunhado ou dançando nu pelo meio da casa?

Eu não teria dúvidas: ligaria para um psiquiatra.

Foi justamente esse o pensamento de Franz Overbeck quando encontrou Nietzsche em Turim. Corria o ano misterioso de 1889 e Nietzsche havia surtado definitivamente. Muitos afirmam que foi decorrência da sífilis contraída num bordel (sim; filósofos, apesar de não parecer, também têm aparelho reprodutor). Para mim, o ano em que Nietzsche enlouqueceu e foi levado para o Sanatório de Dementes em Jena é um ano estranho.

Esse foi o ano em que nasceram do outro lado do oceano, nas terras frias do norte, três sujeitos que marcariam o século XX. Hitler e Ludwig Wittgenstein (o cara responsável pela chamada virada linguística, lembra?) em abril e, em setembro, o sujeito que iria justamente resgatar Nietzsche das sombras de seu ostracismo intelectual.

Martin Heidegger veio ao mundo praticamente na mesma época em que Nietzsche teve seu grande surto de Turim. Ele foi justamente o responsável por ministrar, entre 1936 e 1937, uma série de preleções na Universidade de Freiburg no sentido de recuperar Nietzsche e se confrontar com seu pensamento, dando-lhe uma dignidade acadêmica que o autor de *Assim falava Zaratustra* havia perdido durante a vida.

Nietzsche morreu de forma triste. Doente e esclerosado, deu o derradeiro suspiro na casa de sua irmã, na vila de Silberblick em Weimar, no dia 25 de agosto de 1900. Completamente esquecido pela academia, desconhecido do público, longe das poucas honras que são destinadas aos grandes filósofos no correr da história ocidental.

Heidegger resgatou Nietzsche do limbo; por isso, os filósofos contemporâneos anglo-americanos costumam fazer referência a um ser híbrido chamado "Monstro Nietzsche-Heidegger" quando se dirigem a qualquer um dos dois pensadores ou seus continuadores franco-alemães.

A semente que Nietzsche plantou de certa forma frutificou na árvore de Heidegger. É como se Nietzsche fosse o messias desses novos tempos e Heidegger estivesse editando o Evangelho.

Aquilo que na gíria da academia se conhece como "pós-modernidade" (não sei se você já ouviu esse termo, mas caso resolva se aproximar 500 metros do setor de humanas de alguma universidade, com certeza vai ouvir) deriva dos movimentos peristálticos do monstro Nietzsche-Heidegger que se espalharam pela Alemanha e dominaram a França de um modo que Napoleão III e De Gaule jamais imaginariam.

Sobre o cadáver de Nietzsche, Heidegger contou uma nova história da cultura ocidental, para se contrapor à história que Hegel havia contado antes, e para responder à pergunta incômoda: "O que deu errado?"

Essa é a pergunta que eu me faço todo dia.

O que deu errado? Como nós pudemos chegar a esse ponto? Como a civilização conseguiu atingir esse grau de decadência e de miséria moral? Como todas as promessas de evolução, felicidade, praticidade, igualdade, liberdade e fraternidade que o mundo da técnica anunciou puderam dar nessa porcaria?

Genocídios. Ameaça de hecatombe nuclear. Aquecimento global. Superpopulação. Fobias. Pânico. Violência urbana. Obesidade mórbida. Contaminação ambiental. Extinção em massa de espécies. Comida industrializada cheia de câncer enlatado. Engarrafamentos gigantescos. Falta de esperança.

Essas não são imagens que nos dão um prognóstico muito agradável para o futuro, mas que são significativas para o século XX. Heidegger vai contar a história do distúrbio que desviou o Ocidente de seu caminho. *O esquecimento do ser* (*Seinvergesenheit*) tem seu ponto central na chamada "virada metafísica", quando a filosofia abandonou os ensinamentos dos primeiros pensadores e voltou-se para Sócrates, Platão e Aristóteles.

Pela história de Heidegger, o ponto de origem desse estado desolador no qual a civilização europeia havia caído no século XX (e de certa forma exportado para nós também, aqui no sul) teria a ver justamente com o esquecimento, com o abandono de um projeto filosófico original e com o advento de uma mentalidade de confiança ingênua nas possibilidades do entendimento humano, na crença de que o mundo da técnica poderia ocupar todos os espaços, dar todas as soluções e preencher todos os vazios.

O Ocidente teria sido então desviado pela filosofia que nasceu depois de Platão (ou por uma leitura medieval da filosofia de Platão, para ser um pouco mais exato), pondo a busca pela "verdade" acima do mergulho fundamental no verbo poético que aponta para o lugar no qual o sagrado habita.

Em 1935, num tom assustadoramente profético, Heidegger escreveu o resultado de toda essa história do Ocidente e de sua aventura filosófica e científica rumo à verdade:

Quando o mais remoto recanto do globo terrestre foi conquistado e economicamente explorado, quando qualquer fato em qualquer lugar e a qualquer tempo está rapidamente disponível... quando o tempo é apenas velocidade, instantaneidade e simultaneidade, e o tempo como história desapareceu de todo *Dasein* de todos os povos, quando o boxeador passa por ser o grande homem de um povo, quando as cifras de milhões em multidões reunidas forem um triunfo então, sim, ainda paira sobre todo esse assombro, como um espectro, as indagações: Para quê? Para onde? E depois, o quê?

Pois é pessoal, bem-vindos ao século XXI.

46

E o Brasil? Onde é que fica?

Não pergunte o que o Brasil tem a oferecer à filosofia, pergunte o que a filosofia tem a oferecer ao Brasil.

Alberto nunca gostou de futebol. Ele nasceu no Brasil, mas não parecia muito afeito a passar as tardes de sábado no campo de terra batida onde os garotos da vizinhança construíam suas fantasias épicas enquanto corriam atrás de uma bola de couro. Alberto preferia estudar francês e passava as tardes lendo Flaubert e Stendhal no original. Em 1997, Alberto desistiu do Brasil e foi embora para a Suíça. Lá, ele encontrou o espaço justo para desenvolver seu potencial. Com um pouco de esforço, dominou o Alto Alemão (*Hochdeutsch*) a ponto de corrigir a gramática de seus colegas de trabalho que, de vez em quando, misturavam uma ou outra palavra do dialeto de Zurique. Ele se encaixou na cultura europeia porque, de certa forma, sua alma já carregava algo daqueles rincões frios no tempo em que vivia no Brasil. Mesmo assim, quando ele arrumou seu primeiro emprego numa companhia suíça, não teve como evitar: foi convocado a jogar uma partida de futebol.

Os suíços não entendiam como seria possível que um brasileiro não jogasse futebol. Alberto tentou explicar, mas não adiantou; puseram umas chuteiras nele, um calção branco e uma camisa de um time qualquer dos Alpes. Meu amigo jogou sua primeira partida de futebol no frio de uma primavera europeia, a milhares de quilômetros de sua terra natal: o "país do futebol".

Saber por que o Brasil exporta jogadores de futebol para o mundo todo e não conseguiu até hoje emplacar nenhum prêmio Nobel não é tarefa difícil. Basta pensar quantos jovens brasileiros dedicam suas tardes a jogar bola em terrenos de terra batida e quantos se dedicam a ler Flaubert nas tardes de sábado. Veja as estatísticas e você terá a resposta.

Muito se especulou sobre o porquê de não haver uma cultura filosófica no Brasil. Tem gente que defende a ideia, extraída de Heidegger, de que só seria possível filosofar em alemão, grego ou latim e nós, mestiços que falam um português cercado de iorubá, árabe e tupi não seríamos capazes de filosofar.

Vou ser sincero; acredito que a filosofia seja mesmo uma mitologia branca. Uma construção cultural de povos do Norte. Uma expressão de uma visão euro-asiática de mundo. Curiosamente, o brasileiro mestiçou várias das informações culturais que chegaram até ele. Criamos a capoeira a partir da dança dos escravos africanos; produzimos sons que misturam influências musicais europeias aos ritmos africanos e ameríndios; inauguramos a umbanda (a primeira grande religião multicultural da modernidade) unindo matrizes mediterrâneas, indígenas e afro-brasileiras. Absorvemos diversas mensagens culturais de variados povos que ajudaram a compor nosso caos étnico, mas não conseguimos, ainda, fazer com que a herança literária e filosófica do Ocidente fosse deglutida.

Por quê? Essa não é uma pergunta para se responder de modo simples. A escravidão e o racismo nos fornecem pistas.

O Brasil criou um curioso modelo de integração sexual que gerou criaturas híbridas e uma divisão social bastante evidente. De um lado, uma massa etnicamente caótica para a qual foi dada o catimbó, o samba, a capoeira e o futebol. De um outro lado, uma elite assustada, esbranquiçada e neurastênica, que manteve em seu condomínio aristocrático o domínio do latim, o controle da religião geral (catolicismo), do Estado (o bacharelismo jurídico) e da cultura oficial (o acesso a níveis mais altos de educação e letramento).

Se Gilberto Freire estiver mesmo certo (e parece que as análises genéticas andam confirmando isso), o Brasil original tem dois irmãos. O filho do português com a sinhá, que viajava para a Europa para virar doutor na Universidade de Coimbra e arrumar o emprego de juiz, e os filhos do português com a mestiça que trabalhava na cozinha da casa grande, que passavam seus curtos períodos de folga depois do trabalho duro tocando samba, dançando capoeira, fazendo catimbó com os maracás indígenas e (depois do século XIX) jogando futebol.

A virada cultural da modernidade foi o reconhecimento da cultura mestiça do filho da empregada. Hoje, qualquer escola de elite tem capoeira entre suas práticas educacionais, nas estantes acadêmicas o samba passou a ser referência cultural e os afoxés de Exu atraem milhares de brasileiros pelos Carnavais e pelas micaretas da vida. Tudo isso é partilhado nessa feijoada chamada Brasil.

Mas um ingrediente ainda é sonegado. O acesso à herança cultural ocidental está ainda concentrado nos cadernos escolares de uma pequena parcela da população, que consegue atravessar a barreira do Ensino Médio e entrar em uma universidade.

Não há mistério. O Brasil vai continuar ganhando Copas do Mundo e perdendo de goleada no campo da filosofia, da ciência e da literatura. Não por uma maldição metafísica, não por uma incapacidade lógica do nosso povo, por uma defasagem linguística de nosso idioma mestiço ou por algum retardo intelectual da nossa raça (expresso no formato de seus crânios, lábios, na textura de seus cabelos ou na cor da sua pele). Nossa defasagem filosófica (como de muitos outros povos no mundo) se dá por uma simples e constante sonegação.

Poucos jovens tiveram nos últimos quinhentos anos no Brasil a capacidade de escolher como passariam as tardes de sábado. Poucos puderam dizer não à bola de futebol e sim aos livros. Por isso, Pelé é o Rei e Machado de Assis só um detalhe exótico num livro sobre os gênios da literatura escrito por um crítico literário judeu que dá aulas na Universidade de Yale.

47

Da inutilidade de tudo isso

Eu estava feliz e ansioso. Participaria de uma mesa-redonda na Semana de Filosofia da faculdade na qual havia me formado. Apenas os insondáveis mistérios da política acadêmica explicam por que só agora, depois de dez anos de formado, alguns dos meus ex-professores lembravam-se de me convidar para participar de uma mesa na Semana de Filosofia.

Mesmo assim, eu estava feliz porque, depois de muito tempo falando para plateias de alunos de direito, psicologia e medicina, participando de feiras de livros e bienais, dando palestras para funcionários de empresas petrolíferas, eu finalmente voltaria a falar sobre filosofia para filósofos.

O tema proposto pela professora Fernanda Bulhões era instigante: "Entre o poético e o filosófico". Quatro colegas exporiam suas ideias a recriminações públicas. Eu, o professor Miguel Gally, a professora Soraya Guimarães e o professor Tassos Lycurgo, um dos mais brilhantes alunos de lógica que o curso de filosofia da UFRN já teve e meu contemporâneo de faculdade. O tema da palestra do Tassos era quente: "Filosofia: Arte esquizofrênica", e como eu já sabia da fama de polemista do Tassos, me preparei para alguma provocação.

Era uma tarde de feriado estadual, com jogo do ABC pela série C do campeonato brasileiro. Lutávamos com as três maiores manifestações de devoção do brasileiro: o catolicismo (o feriado era religioso), o futebol e a cachaça (feriado em meio de semana sempre tem certo apelo etílico de insubordinação). O professor Tassos anunciou sua tese.

Provavelmente, os poucos indivíduos que se dirigiram ao auditório da biblioteca central para ouvir uma mesa-redonda sobre filosofia e literatura deviam padecer de algum tipo de problema mental. Isso se daria porque a filosofia era inútil e seu objeto, conhecer a verdade e desvendar o mistério da natureza, era impossível.

Tassos, como brilhante aluno de lógica, argumentou com base nas geometrias não euclidianas e na nomenclatura das modernas e intrincadas teorias lógico-matemáticas. Também flertou com Nietzsche e ofereceu uma pitada apimentada de ironia e descrença quanto às possibilidades da razão humana.

Não é preciso dizer que o debate pegou fogo. As perguntas, que deveriam ser feitas em trinta minutos, se arrastaram por duas horas. Teve gente atirando para todo lado e, no fim, apenas uma certeza: a mesa e uma parte da plateia não aceitavam o argumento do professor Tassos; afinal, ser chamado de doente mental não é lá muito agradável.

Eu confesso que me sinto entediado quando alguém me pergunta sobre a utilidade da filosofia. Já falei tanto sobre isso que prefiro responder: "Filosofia é como sexo oral: não serve para a reprodução e não tem nenhuma utilidade para a espécie, mas é legal pra caramba."

No meu entender, a filosofia é uma prática cultural parecida com a ioga ou com a capoeira. Ela é inútil, se o conceito de utilidade for meramente biológico ou instrumental. Se tomarmos o ponto de vista cínico de que útil é tudo aquilo que é necessário para a manutenção meramente biológica da espécie, então a ioga, a capoeira, o futebol, o sexo oral, a música, a gastronomia e o vinho são inúteis. Podemos nos manter vivos sem isso. Bilhões de seres humanos já habitaram a terra sem assistir a uma partida de futebol, sem praticar nenhuma posição de ioga, sem nunca ter ouvido um berimbau, comendo carne crua sem um vinho tinto seco para ajudar na deglutição. Talvez alguns também nunca tenham feito sexo oral, mas eu duvido disso porque, como dizia Nelson Rodrigues, "se todos soubessem da intimidade sexual uns dos outros, ninguém se cumprimentaria na rua".

O fato é que o argumento da inutilidade da filosofia levado ao seu radicalismo faz com que caiamos no absurdo de uma vida tão cheia de significado quanto a de um cachorro vira-lata (talvez Diógenes, O Cínico, concordasse com isso, mas eu me recuso a reduzir minha vida a esse silêncio). A ideia de que o objeto da filosofia é impossível porque a razão não vai conseguir distinguir os mistérios do universo é anacrônico.

Uma olhada na história da filosofia nos mostra que, desde o século XVIII, os pensadores ocidentais já haviam abandonado a ilusão de que a razão poderia dar conta dos mistérios da natureza. A ideia de que a metafísica era a base de toda filosofia foi deixada de lado a mais ou menos duzentos anos e, hoje, os objetos das reflexões filosóficas estão mais concentrados no campo da ética, da política ou da estética. A ciência se tornou objeto dos filósofos, assim como a nossa linguagem e o discurso cotidiano. Pouca gente hoje, fora da pesquisa histórica, leva mesmo a sério a possibilidade de se articular um discurso metafísico que dê conta da realidade. Por isso, afirmar que a filosofia é impossível justamente pelo fato de que a natureza ama esconder-se é chutar um cachorro morto.

O que resta então? Praticar filosofia é participar de uma velha tradição. Receber um procedimento de um mestre que aprendeu esse procedimento de um mestre anterior que o recebeu de um outro mestre anterior, mais antigo. Assim, há mais de 2 mil anos, a tradição da filosofia se perpetua entre poucos, de geração em geração, guardando as chaves dessa prática cultural.

Para entrar nesse mundo, é preciso ter algo fundamental: atitude.

A pedagogia *punk* nos ensina o sentido dessa palavra. Ter uma atitude filosófica implica partilhar de certa inquietação intelectual, ter uma boa dose de imaginação, uma boa disciplina de leitura, raciocínio abstrato, capacidade de ver o geral que habita em cada particular dessa terra de meu deus, coragem para abdicar de honras e cargos públicos e, fundamentalmente, um desapego estoico em relação à própria conta bancária.

Parafraseando Henry Rollins, vocalista da banda de *hardcore* californiano Black Flag numa entrevista a Donn Letts: filosofia é como música *punk*; se você pergunta para que serve, nunca vai conseguir entender o que ela é.

Este livro foi impresso na Editora JPA Ltda.,
Av. Brasil, 10.600 – Rio de Janeiro – RJ,
para a Editora Rocco Ltda.